청소년을 위한
이야기 논어

청소년을위한 **이야기**
논어

論語

이종란 지음

사람의무늬

필자가 초등학교에 다닐 때는 『논어』라는 책이 있는 줄도 몰랐고, 중학교 다닐 때는 공자와 관련해서 책 이름 정도만 알았습니다. 고등학교에 올라가서야 겨우 교과서를 통해 『논어』의 중요한 글귀 몇 개 정도를 알게 되었습니다. 그럴 수밖에 없었던 이유는 당시 청소년들이 쉽게 읽을 수 있는 『논어』를 찾아보기 힘들었을 뿐만 아니라 무엇보다 입시공부에 매달려 다른 것에 관심을 가질 여유가 없었습니다.

그렇다면 청소년 시기에 왜 『논어』를 읽어야 했을까요? 사실 『논어』를 읽지 않아도 살아가는 데 별 지장은 없고, 더구나 입시시험에 나오는 것도 아니라면 읽어야 할 필요가 없을 거란 생각이 들 법도 합니다. 게다가 만화책처럼 재미있지도 않은데 굳이 시간을 허비해 가며 읽어야 하는지 납득이 안 된다고 생각할 수도 있습니다.

일리가 있는 말입니다. 그러나 더 중요한 사실은 사람이 어떤 환경과 영향 속에서 자랐느냐에 따라 그 사람의 인생이 달라지기 때문에, 그것을 읽지 않는 것보다는 읽음으로써 더 값진 것을 얻을 수 있다는 점입니다.

게다가 청소년들에게는 아직 정해진 것이 별로 없습니다. 그것은 청소년들이 앞으로 많이 배워야 한다는 뜻도 되지만, 여러 가지로 발전할 수 있는 가능성이 많다는 뜻도 됩니다. 이런 청소년들에게 가장 필요한 것은 '경험'입니다. 경험을 통해 배우기 때문이지요. 그래서 여행도 하고 여러 가지 활동도 하고 공부도 하는 것입니다.

그런데 경험 가운데는 직접 할 수 없거나 해서는 안 되는 것도 많습니다. 가령 전쟁 같은 특이한 상황은 내 마음대로 경험할 수 없고, 도둑질은 절대 해서는 안 되는 경험입니다. 그래서 이런 것들은 부득불 책을 통해 간접적으로 경험하는 것입니다. 인간이 겪을 수 있는 많은 경험은 다 이렇게 이루어집니다.

이런 인류 경험의 집합체, 우리는 그것을 다른 말로 '고전'이라 부릅니다. 『논어』가 바로 그 가운데 하나입니다. 기독교 성경이 서양인들이 지금껏 가장 많이 읽었던 고전 가운데 하나라면, 『논어』는 동아시아인들이 가장 많이 읽었던 고전 가운데 하나입니다. 『논어』를 통해 우리 조상들의 삶이나 사고방식을 이해할 수 있을 뿐만 아니라, 어쩌면 내 삶의 방향을 결정지을 고귀한 지혜를 얻을 수 있을지 모릅니다. 그래서 만약 필자가 청소년 시기에 『논어』를 제대로 읽었더라면, 제 인생의 방향이 어떻게 전개되었을지 알 수 없다고 생각해 본 것입니다.

'논어'란 '말을 편집했다'란 뜻으로, 공자와 그 제자들의 대화와 행동을 기록한 책입니다. 공자의 제자들은 물론 그 제자의 제자들까지 이 책을 편집했다는 설이 가장 유력합니다. 그런데 그 내용이 인생을 깊이 있게 살아왔던 노숙한 공자와 관계된 것이니 청소년들이 이해하기란 쉽지 않을 것입니다. 다시 말해 『논어』의 내용은 대부분 도덕적이고 이성적으로 진술된 것이어서, 감각적으로 직접 보고 듣는 것을 좋아하는 청소년들의 취향에 맞게 이해되거나 받아들이기에는 벅찬 것들입니다.

그래서 부득이 핵심적인 내용을 골라 이해하기 쉽게 풀이하는 길을 택했습니다. 그러니 필자가 풀이하는 것만을 수학문제의 정답처럼 믿어서는 안 됩니다. 『논어』는 사람마다 다르게 해석하는 부분이 많고, 이 책에서는 필자가 이해한 범위 내에서 제 경험을 덧붙여 풀이했기 때문입니다. 이 또한 『논어』를 읽는 다양한 시각 가운데 하나라고 볼 수 있지만, 앞으로 『논어』를 제대로 읽기 위한 준비운동으로 읽는 책이라 여기면 좋겠습니다.

아무쪼록 이 책이 인생의 소중함에 눈뜨는 계기가 되었으면 좋겠습니다. 더욱이 이 책을 통하여 배움의 즐거움을 찾고, 인간답게 되며, 홀로서기의 기초를 닦고, 꿈을 발견하여 성공의 씨앗을 마련한다면, 필자로서는 가장 큰 기쁨과 보람으로 여기겠습니다.

2014년 늦은 봄날
우장산 아래에서
이종란

논어, 이것이야말로 동아시아 문명의 샘물줄기다. 어떤 사물이나 지성적 현안에 대하여 제자와 스승이 함께 토론하고 그에 대하여 스승이 강평해주는 '공부의 모범 사례'를 엿볼 수 있다면 그 시작이 바로 이 논어이다. 무엇보다 인간의 '길'에 대하여 고민하며 어떻게 공부할 것인가에 대하여 매우 심각하게 그리고 허심탄회하게 고민한 것이 있다면 그것 또한 바로 이 논어이다. '길'은 사람의 길이고 그 길은 '인(仁)'으로 표현된다. 이 인(仁)은 사람이 더불어 살 수 있는 방법이다. 함께 손잡고 예의를 갖추며 이심전심으로 산다면 그것이 또한 바로 인(仁)이다. 부모·형제·친구·사회·국가와 표현할 수 있는 '나의 관심사'와 '나의 공부'에 대하여 어떻게 할 것인가에 대한 건강한 방법론이 논어라고 한다면, 청소년을 위한 이 고전시리즈는 저자의 오랜 동양학적 연구 이력이 모두 녹아든 것이다. 이 책을 통해 우리는 오늘의 현장에 어울리며 한결 맛있게 고전을 접할 수 있을 것이다.

이명수(부산대학교 한국민족문화연구소 교수)

이 책을 읽어보면서 여러 감회가 떠올랐다. 거의 20년 이상 가까이서 지켜본 선생님의 모습이 이 책에 여지없이 묻어 있었기 때문이다. 선생님의 진솔함과 온화한 인품이 논어 이야기와 잘 어울려 보인다. 사실 논어는 어른이 읽기에도 어려운 책이다. 자칫하면 고리타분한 도덕선생의 입바른 잔소리가 될 수도 있다. 그런데 이런 논어를 청소년 코드에 맞추고, 그들의 실제 관심사와 고민들을 보듬어 내는 어려운 작업을 해냈다. 이는 옛 논어를 오늘의 동네학원 족집게 족보로 재구성한 것이다. 곧 청소년의 학습과 진로와 성공을 논어라는 창문을 통해 바라본 것이다. 이렇게 해보니 더 이상 논어는 옛날이야기가 아니라 이 시대에 적합한 자기계발 지침서로 살아났다. 게다가 아무도 흉내 낼 수 없는 저자만의 개성 있는 필치가 더해졌다. 청소년에 대한 친화력을 바탕으로 성실하고 따뜻한 해석이 어우러져 누구나 쉽게 다가갈 수 있게 만들었다. 마치 역동적이면서 잔잔한 이야기 장터가 된 것 같다. 이 책을 누구보다 공부와 친구와 게임과 미래의 빡빡한 교차로에서 길을 헤매고 있는 청소년과 그 부모님들께 권한다. 이 책이 독자들에게 희망의 빛을 밝히는 등불이 되리라 확신한다.

김종명(한국설득연구소장)

제4부 성공하는 삶

제 1 부

배우기

윤봉길 의사가 상하이로 건너가 홍커우(루쉰) 공원에서 거사를 치르기 전 국내에 있을 때였습니다. 서당에서 공부하던 열아홉 살 때, 산책을 하다 우연히 어떤 청년을 만났습니다. 그는 공동묘지에서 나무를 깎아 만든 여러 개의 묘표를 뽑아 가득 안고 오면서, 윤 의사에게 다짜고짜 글을 아냐고 물었습니다. 안다고 대답하니, 묘표들 가운데서 '김선득'이란 자기 아버지 이름이 적힌 것을 찾아 달라고 부탁했습니다. 윤 의사는 김선득이란 묘표를 골라주며 물었습니다.

"묘표를 뽑고 난 뒤에 무덤에 표시라도 해두고 왔는가?"

그 젊은이는 털썩 주저앉으며 "아이고, 이제 우리 아버지 산소를 영영 잃어버렸네"라며 통곡했답니다. 아버지 산소만이 아니라 남의 산소도 못 알아보게 만들어 버렸지요. 이 일을 겪은 윤 의사는 국민들이 제대로 배우지 못해 나라를 잃어버린 것임을 깨달고, 농촌계몽운동에 뛰어들어 야학을 열고 농민들에게 글을 가르치기 시작했습니다.

여몽은 중국 삼국시대 오나라 사람으로 적벽대전에서 위나라 조조의 80만 대군을 무찌른 이름난 지략가이자 오나라 초대 황제인 손권을 도와 싸운 장군이었습니다. 여몽은 집안이 가난해서 배우지는 못했지만, 무예에 소질이 있어 군에 입대한 후 수많은 전공을 세워 장군의 자리까지 올랐습니다. 그러나 그는 명령에 따라 싸움만 잘했을 뿐, 병법이나 지략은 잘 알지 못했습니다. 그런 그를 안타깝게 여기던 손권은 그가 학문에 정진하도록 배려해 주었습니다.

몇 년 후에 여몽의 죽마고우였던 노숙은 휘하 부대를 시찰하던 여몽을 우연히 만나게 되었습니다. 그런데 그와 이야기를 나누던 노숙은 깜짝 놀랐습니다. 예전에 알던 무식한 여몽이 아니었기 때문이었습니다.

"이제 보니 자네는 이전 오나라의 골목대장 여몽이 아니네그려."

그러자 여몽은 이렇게 대답했습니다.

"사람은 상대방을 삼일을 만나지 못해도 눈을 비비고 그가 어떻게 변했는지 똑똑히 봐야 하는 법이네."

훗날 여몽은 뛰어난 지략으로 촉한의 명장 관우를 생포하여 그 이름을 후세까지 남기게 되었습니다.

배우지 못함과 배움은 이렇게 사람의 처지나 운명을 다르게 만듭니다. 배움이 중요한 것은 새삼 더 강조할 필요가 없겠지요. 그러니 『논어』에서 맨 처음 나오는 글자가 무엇인지 아십니까? 바로 배움을 뜻하는 '학(學)'이라는 글자입니다. 배움이 우리 삶에 어떤 역할을 하는지 시사해주는 바가 있는 거지요. 자, 그렇다면 배움은 무엇인지 『논어』 속으로 여행을 떠나 볼까요?

배움은 사람을 자라게 한다

동물도 배운다

청소년들에게 어른들로부터 가장 듣기 싫은 말이 무엇이냐 물어보면, 단연 부모로부터 '공부해라' 하는 말이 으뜸이라고 합니다. 코흘리개 어린아이 때부터 줄곧 그런 말을 들었으니 듣기 싫을 만도 할 것입니다. 공부를 다른 말로 표현하면 배움입니다. 사실 배움에 글공부만 있는 것은 아닙니다. 아기였을 때 대소변을 가릴 줄 아는 것, 숟가락질을 배우는 것, 옷을 바르게 입는 것도 다 배워서 할 줄 아는 일입니다. 어디 그뿐이겠습니까? 좀 커서 자전거를 탈 줄 알고 춤출 줄 알고 야구방망이로 공을 멀리 쳐 내는 것도 다 배워야 하는 일입니다.

이렇게 보면 인간 세상의 모든 일 치고 배우지 않고 되는 일은 거의 없습니다. 잘 배웠느냐 못 배웠느냐의 차이는 있을지언정 배움 자체가 없이는 스스로 할 수 있는 일이 거의 없습니다. 야생의 동물들도 먹고살려면 새끼 때 어미로부터 배워야 하는데, 하물며 인간은 오죽하겠습니까? 배움이란 이토록 중요합니다.

 차근차근 배워서 높은 경지에 오르다

공자가 말했다. "나를 제대로 알아주는 사람이 없구나." 그 말을 듣고 자공이 말했다. "어째서 선생님을 제대로 알아주는 사람이 없습니까?" 그러자 공자가 말했다. "나는 내 처지가 어렵다고 하늘을 원망하지도 않았고 남을 탓하지도 않으면서, 작고 보잘것없는 일부터 차근차근 하나씩 배워서 점차 심오한 진리를 깨닫는 높은 수준까지 올랐으니, 나를 제대로 아는 자는 하늘뿐이겠지."

자왈 막아지야부   자공   왈 하위기막지자야
子曰 莫我知也夫인저 子貢이 曰 何爲其莫知子也잇고

자왈 불원천하며   불우인
子曰 不怨天하며 不尤人이오

하학이상달   지아자   기천호   원문
下學而上達하노니 知我者는 其天乎인저 (「憲問」)

막: 없다 | 아: 나 | 지: 알아주다 | 하: 어찌 | 원: 원망하다 | 우: 탓하다

달: 도달하다

16

자공(기원전520?~456?)은 공자(기원전551~479)의 제자이며 성은 단목(端木)이고 이름은 사(賜)입니다. 공자가 여기서 '나를 제대로 알아주는 사람이 없다'고 한 말은 당시 위정자들 가운데 공자의 가치를 제대로 알고 대우해주는 사람이 없었다는 뜻입니다. 그렇다면 공자는 왜 알아주는 위정자가 없다고 했을까요?

제후들이 공자를 알아주지 않았던 까닭은 공자 학문의 성격과 관계가 있습니다. 공자는 눈앞의 이익보다 인간됨을 강조하는 도덕과 그 도덕에 충실한 정치를 강조했기 때문입니다. 먼 안목에서 보면 공자의 생각이 더 이로울 수 있지만, 당시에는 받아들여지지 않았습니다.

춘추시대 당시 제후들은 제각기 경쟁적으로 나라를 부강하게 하고 군사력을 강화하기 위하여 당장 거기에 쓸모 있는 인재들만 불러들였기 때문입니다. 공자는 자기 조국인 노나라에서만 잠시 높은 벼슬을 지낸 것 외에는 10년 넘게 이 나라 저 나라 벼슬을 얻기 위해 돌아다녔지만, 제대로 된 벼슬자리 하나 얻지 못했습니다.

사실 이런 상황은 오늘날도 되풀이되고 있습니다. 쉽게 말해 경제학이나 경영학처럼 실생활에 직접 도움이 되는 학문을 연구하는 사람들은 사회로부터 환영받고 대우를 받지만, 철학이나 사학 또는 문학을 공부한 학자는 사회는 물론이고 대학에서조차 점차 소외당하는 일과 같습니다.

그러나 어쨌든 공자가 죽은 뒤 후대 역사에서는 그를 인류의 스승으로 받들었습니다. 그렇다면 특별한 스승이 없다고 알려진 공자가 어떻게 스스로 높은 학문을 이룰 수 있었을까요?

전해 오는 이야기에 따르면 공자는 어렸을 때 어렵게 자랐다고 합니다.

일흔 살이 넘은 무사(武士) 출신의 아버지와 젊은 어머니 사이에서 태어났고, 세 살이 되자마자 아버지는 돌아가셨습니다. 그래서 홀어머니 밑에서 가난하게 자랐는데, 젊어서는 남의 정원을 관리하고 가축 돌보는 일, 창고 관리인을 했다고 전합니다. 그러면서도 특별한 스승 없이 독학으로 틈틈이 배웠다고 합니다.

이렇듯 공자는 가난하게 살았으나 그 어려운 처지를 두고 하늘을 원망하거나 남을 탓하지 않았다고 합니다. 생계를 위해 자질구레한 일부터 차근차근 하나씩 배워서 점차 심오한 진리를 깨닫는 높은 경지에 올랐다고 합니다. 공자는 예수처럼 하느님의 아들로 태어난 것도 아니고, 석가처럼 왕자로 태어나 도를 닦아 갑자기 큰 깨달음을 얻어 성인이 된 것은 아닙니다. 오로지 실생활에 필요한 작은 일부터 하나씩 배워 점차 성인의 경지에 오른 보통 사람이었던 것입니다.

요즘 학생들은 실생활에 필요한 일을 하나씩 차근차근 배우는 것이 아니라, 입시에 필요한 내용을 무더기로 배우니 공부가 재미가 없고 힘이 들지 모르겠습니다. 필자 역시 고등학교 때 한꺼번에 너무 많이 배우다 보니 다 감당하지 못해 정신이 아찔했습니다. 작은 일부터 하나씩 천천히 배우는 것, 알고 보면 그것이야말로 제대로 배우는 길임을 우리는 잊고 있습니다.

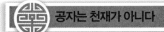
공자가 말했다. "나는 날 때부터 아는 사람이 아니다. 옛것을 좋아하여 빨리 빨리 그것을 찾은 사람이다."

자왈 아비생이지지자 호고민이구지자야 술이
子曰 我非生而知之者라 好古敏以求之者也로라 (『述而』)

我: 나 | 非: 아니다 | 生: 태어나다 | 好: 좋아하다 | 古: 옛 | 敏: 민첩하다 | 求: 찾다
者: 사람, 것

공자는 천재적인 지능을 지니고 태어난 것은 아닌 모양입니다. 공자 스스로 천재가 아니라고 하지 않습니까? 물론 이것은 겸손하게 하는 말일 수도 있지만, 『논어』 곳곳에 보이는 공자의 말과 행동을 참고하면 맞는 말 같습니다.

공자는 우리와 전혀 다르지 않은 보통 사람입니다. 어쩌면 여러분보다 더 어려운 처지에 있었던 사람이었습니다. 그런 공자가 노나라에서 오늘날로 보면 법무부장관이라 할 수 있는 '대사구'라는 벼슬을 지냈고, 3천 명의 제자를 두었으며 동아시아 전통에서 성인으로 추앙받았습니다.

공자가 어려운 처지에서도 포기하지 않고 스승 없이 배움을 통해 높은 경지에 오른 것은 꾸준히 배운 결과입니다. 행운이나 기적, 신의 계시나 축복이 아닌 노력의 결과입니다. 누구나 노력하면 도달할 수 있습니다.

사실 머리가 똑똑한 사람을 손쉽게 찾는다면 사기나 편법으로 남의 돈을 갈취하는 사람들일 겁니다. 천재 과학자로 불리는 아인슈타인도 고등학교 다닐 때까지만 해도 낙제생이었다고 합니다. 머리가 좋으면 남보다 먼저 앞서 갈 수는 있겠지만, 인생이라는 긴 여정에서 볼 때 그것보다 더 중요한 일은 꾸준한 노력입니다. 주위에 그런 분들이 많은 걸 보면 노력은 성공의 어머니란 말이 맞는 것 같습니다.

배움은 사람을 위대하고 겸손하게 만든다

이 세상에서 배우지 못해 무식한 것만큼 답답한 일도 없습니다. 무식하면 남에게 무시당하기 일쑤이고 친구 사이에서도 외톨이가 됩니다. 그리고 사람이 곤궁한 처지에 놓여서 가장 후회하는 것도 배우지 못한 것이라고 합니다. 그 때문에 한국의 부모들은 어떻게 해서든지 자식을 공부시키려고 극성인지 모르겠습니다.

반면에 배움은 사람을 겸손하고 위대하게 만듭니다. 제대로 배운 사람치고 겸손하지 않은 사람이 없고, 위대한 사람 중에 배우지 않은 사람은 없습니다. 그런데도 불구하고 스스로 다 배웠다고 여기거나 많이 안다고 하는 사람은 사실 아직도 모르는 사람입니다. 굳이 소크라테스의 '너 자신의 무지를 알라'는 말을 상기할 필요 없이, 많이 배울수록 모르는 내용이 더 많아진다는 사실이 배운 사람들의 한결같은 고백입니다. 여러분들은 어떻습니까?

하학상달(下學上達)

자질구레한 작은 일에서부터 배우기 시작하여 높은 경지에 이른다는 말로서, 작은 경험적인 배움에서 시작하여 형이상학적인 높은 수준의 진리에 도달하는 공부 방법을 일컫는 말. 「헌문」편에서 유래.

생이지지(生而知之)

날 때부터 머리가 좋아서 뭐든지 배우지 않고도 잘 아는 것으로 후세 유학자들이 공자 같은 성인의 특성을 일컫는 말. 「술이」편에서 유래.

열의, 배움의 동력

좋아서 하는 일

어떤 학생들 가운데 공부에는 관심이 없으면서 운동선수의 경기 기록이나 연예인들의 시시콜콜한 사생활에 대해서는 자세하게 알고 있는 친구들이 있습니다. 심지어 자기 부모님 생신은 잊어버려도 좋아하는 연예인의 생일은 챙기며 팬 모임에 앞장서기도 합니다.

공부에 관심을 가지고 잘했으면 좋겠다는 생각이 많은 부모들의 바람이긴 하지만, 뜻대로 되기는 쉽지 않습니다. 학생들이 이렇게 하는 것을 탓하기에 앞서 왜 이런 일이 생겼는지 따져볼 필요가 있습니다. 좋아하는 연예인의 신상을 아는 건 수업시간에 배운 내용을 암기하는 것보다 훨씬 쉽습니다. 좋아하니까, 알고 싶으니까 그렇겠지요. 어떤 배움이든 이렇게 관심과 열정이 있어야 앞으로 나아갈 수 있습니다. 왜 그럴까요?

 아랫사람에게 묻는 것을 부끄러워하지 않다

자공이 궁금해서 물었다. "공문자를 어째서 '문(文)'이라는 시호로 불렀습니까?" 공자가 말했다. "머리가 민첩해도 배우기를 좋아하여 아랫사람에게 묻는 것을 부끄러워하지 않았다. 그런 이유로 '문'이라고 일컬었다."

子貢이 問曰 孔文子를 何以謂之文也잇고 子曰 敏而好學하며 不恥下問이라
是以로 謂之文也니라 「공야장」

問: 묻다 | 謂: 말하다 | 敏: 민첩하다 | 好: 좋아하다 | 恥: 부끄러워하다 | 問: 묻다

자공은 앞에 소개한 공자의 제자입니다. 위(衛)나라 대부였던 공문자(孔文子, ?~기원전480?)의 이름은 공어(孔圉)입니다. 대부는 제후 아래 계급으로 높은 귀족입니다. 시호는 죽은 사람에게 그 사람의 업적에 따라 붙여주는 이름입니다. 가령 이순신 장군을 충무공(忠武公), 퇴계 이황 선생을 문순공(文純公)이라 부르는 것과 같은데, 대체로 학문이 뛰어나면 문(文)이라는 글자가 들어가고 무예로서 공이 크면 무(武)라는 글자가 들어갑니다.

흔히 영리한 사람은 자기 머리만 믿고 공부를 게을리하며, 지위가 높거나 많이 아는 사람은 아랫사람이나 남에게 모르는 것을 잘 묻지 않습니다. 그래서 자기만 잘났다는 자만에 빠지기 쉽습니다. 그런데도 공문자는 배움을 좋아하고 지위가 높은 귀족이면서도 아랫사람에게 묻기를 좋아했으므로 '문'이라는 시호를 얻은 모양입니다.

자, 여기서 공문자로부터 두 가지 태도를 찾을 수 있습니다. 하나는 배움을 좋아한다는 점이고, 다른 하나는 모르는 것을 남에게 묻는다는 점입니다. 비록 자기보다 못한 사람한테라도 말입니다.

이렇게 무엇을 좋아하게 되면 쉽게 배울 수 있고 싫증이 나지 않습니다. 어떻게 하다 보면 저절로 배울 수 있는 경우가 있는데, 바로 그것을 좋아할 때입니다. 또 질문을 한다는 것은 이미 마음속에 호기심이 가득 차 궁금한 것이 있기 때문입니다. 마음속에 궁금한 것이 있다면 그것은 알려고 하는 갈망 또한 적지 않습니다. 공문자가 얼마나 궁금했으면 아랫사람에게 다 물어 봤겠습니까?

 배움에는 열의가 있어야

공자가 말했다. "알려고 분발하지 않으면 열어 주지 않으며, 표현하려고 갈망하지 않으면 튕겨 주지 않되, 한 모퉁이를 가르쳐 세 모퉁이를 응용해 내지 못하면 더는 가르치지 않는다."

子曰 不憤이어든 不啓하며 不悱어든 不發호되 擧一隅에 不以三隅反이어든 則不復也니라 (『술이』)

不:아니다 | 憤:분발하다 | 啓:열다 | 悱:표현하려고 애쓰다 | 發:드러내다

擧:들다 | 隅:모퉁이 | 反:되돌리다 | 復:다시

앞의 공문자는 알고 싶은 갈망이 있기 때문에 아랫사람에게 묻는 것을 부끄러워하지 않고 주저 없이 물었습니다. 배우려는 사람의 자세는 모름지기 이래야 합니다.

그래서 공자도 제자들을 가르칠 때 분발하고 갈망하고 응용해야 한다고 요구했습니다. 요즘 어떤 교사가 공자처럼 이렇게 공공연히 떠들다가는 불친절하다고 방송이나 신문에 대중의 관심을 낚기 위한 뉴스로 나올 법한 말이지만, 인류의 대 스승인 공자조차 학생들의 이러한 태도를 중요하게 여겼던 모양입니다.

그러나 누군들 갈망하고 분발하고 응용해 내고 싶지 않겠습니까? 문제는 그러고 싶어도 그게 쉽지 않다는 점입니다. 왜 그럴까요? 평안감사도 제 싫으면 그만이라는 속담처럼 모든 게 억지로는 안 된다는 상식에 비추어 볼 때, 좋아하지 않으면 어쩔 수가 없습니다.

그런데 게임이나 축구나 야구 같은 운동에 빠진 학생들을 가만히 살펴보면 미친 듯이 그 일에 몰두합니다. 특히 컴퓨터 게임의 경우 부모가 하지 말

라고 잔소리를 하고 때로는 윽박질러도 몰래 하는 청소년들이 꽤 많습니다. 왜 그럴까요? 재미있고 신나기 때문이 아닐까요?

배움이 이렇다면 얼마나 좋겠습니까? 물론 자기가 좋아하는 일을 배울 때는 이렇게 될 수도 있지만, 사실 배워야 할 내용들이 다 내가 좋아하는 일만은 아니라는 데 문제가 있습니다.

그러나 어쨌든 잘 배우려면 알려고 분발하고 표현하려고 애쓰며 응용하려고 노력해야 합니다. 그러면 스스로도 아는 것이 많아지겠지만, 가르쳐 주는 사람 또한 더욱 잘 가르쳐 줄 것입니다. 필자도 학생들을 가르쳐 본 경험이 많은데, 이렇게 열성이 있고 스스로 하려고 분발하는 학생들에게 더 관심이 가고 잘 가르치고 싶은 마음이 생기는 것은 어쩔 수 없었습니다.

그렇다면 일상적인 공부에서 어떻게 해야 열의가 생길까요?

잘 알고 싶으면 질문하라

최근 한국 초등학생이 세계 과학과 수학 경시대회에서 거둔 성적은 참가국 가운데 1위지만, 과학과 수학에 대한 흥미는 꼴찌 수준이라고 합니다. 이것은 어릴 때는 부모의 강요에 의해 공부를 잘하지만 부모가 억지로 시키지 못하는 청소년이 되면 더 이상 남의 도움 없이 스스로 하는 공부에 흥미를 못 느끼는 것을 뜻합니다.

그것은 우리 교육의 문제점 가운데 하나로, 성적만 높으면 된다는 생각 때문입니다. 비록 성적이 좋지 않더라도 그 학생이 얼마나 열성적이고 호기심이 있는지 또 어떤 질문을 하는지는 거의 고려되지 않는 것과 관계가 있습니다.

공부의 결과만 지나치게 강조하고, 공부할 내용에 대한 호기심이나 열성을 키우는 데 소홀해, 아직 과학이나 학술 분야에 노벨상 수상자가 없는 것 아닐까요? 호기심이 없으면 질문도 없고 앎에 대한 기쁨도 열정도 없습니다.

유대인들은 성적보다 질문을 잘하는 태도를 더 칭찬한다고 합니다. 그래서 유대인 노벨상 수상자는 100명이 훨씬 넘습니다. 물론 노벨상이 반드시 훌륭한 인재를 판별하는 기준은 아니지만, 창조적인 인재를 찾아내는 데는 큰 몫을 하고 있습니다.

그러니 당장 배운 것을 가지고 질문 거리를 찾아보십시오. 그 답은 당장 얻어지기도 하지만 훗날 얻어지기도 합니다. 어떤 경우든 답을 얻으면 기쁨이 따르게 되고, 그 가운데서도 당장의 답보다 힘들여 간절하게 얻은 답의 경우에 훨씬 기쁨이 크고 오래갑니다. 그래서 열정이 샘솟고 바로 그 맛에 질문과 공부를 계속하게 됩니다.

 관련된 한자성어

불치하문(不恥下問)

지위나 학식 등이 자기보다 못한 사람에게 묻는 것을 부끄러워 하지 않는 것을 일컫는 말로 「공야장」편에서 유래.

일우삼반(一隅三反)

한 모퉁이를 가르치면 세 모퉁이를 응용해 안다는 뜻으로, 앎에 대한 적용을 강조한 말이다. '하나를 들면 열을 안다'는 속담과도 통한다. 역시 「술이」편에서 유래.

배움에 즐거움을 느껴라

배움에도 맛이 있는가

맛있는 음식을 먹고 나서 얼마 지나면 또 먹고 싶습니다. 아이들이 놀이동산에서 재미있게 놀았다면 얼마 지나지 않아 또 가고 싶어 합니다. 또 축구나 야구 게임을 하다 보면 이길 때도 있고 질 때도 있지만, 무엇보다 내가 골을 넣거나 홈런을 쳐서 이긴다면 기쁨은 몇 배로 커집니다. 그 맛에 또 운동을 하게 됩니다.

배움에도 이런 기쁨이 있을까요? 한 번도 가보지 못한 어떤 나라에 여행을 하듯, 헤어져서 한참 동안 보지 못했던 사랑하는 사람을 만날 때처럼 그런 기쁨과 설렘이 있는 공부나 배움이 있을까요? 만약 그런 사람이 있다고 말한다면, 여러분들은 그를 이상한 사람이라 하겠습니까? 아니면 재수 없는 사람이라고 비아냥거리겠습니까?

만약 그런 사람이 있다면 정말 배움의 맛을 아는 사람이라고 할 수 있습니다. 그러니 배움의 맛을 아는 사람이 공부도 잘합니다. 그렇다면 배움의 맛은 어떻게 느낄까요?

배움은 기쁜 것이다

공자가 말했다. "배우고 때에 맞게 익히니 또한 기쁘지 아니한가?"

자왈 학이시습지   불역열호
子曰 學而時習之면 不亦說乎아 (『학이』)

學: 배우다 | 時: 때 | 習: 익히다 | 亦: 또한 | 說: 기쁘다

이 말은 『논어』의 맨 첫 구절입니다. 그래서 이 말이 들어 있는 편의 이름도 첫 두 글자를 따서 학이(學而)편이라고 부릅니다. 자(子)는 아들이란 뜻이지만, 여기서는 큰 스승이란 뜻입니다. 공씨 성 뒤에 붙으면 공자, 맹씨 성 뒤에 붙으면 맹자, 주씨 성 뒤에 붙으면 주자가 됩니다. 또 시(時)는 때를 말하는 것으로 종종 '때때로' 또는 '때맞추어'라는 뜻으로도 쓰이고, 열(說)은 원래 '말하다' 또는 '설명하다'의 설(說)이지만 여기서는 '기쁘다'는 열(悅)

의 뜻으로 쓰여 '열'이라고 읽습니다.

공자가 『논어』의 맨 첫 머리에서 "배우고 때에 맞게 익히면 또한 기쁘지 아니한가?"라고 한 말은 오늘날의 대다수 청소년들로서는 이해하기 쉽지 않은 말입니다. 어릴 때부터 지겹도록 공부만 해 왔으니 하나도 즐겁지 않다고 말하는 것이 오히려 당연할지 모릅니다. 필자도 이런 청소년들을 탓하고 싶은 마음이 없습니다.

그러나 공자는 그렇지 않았던 모양입니다. 배움의 재미나 맛을 톡톡히 알았던 모양입니다. 사실 이런 공자의 말을 이해하기 위해서는 공자가 어릴 때부터 혼자서 생계를 해결해야 하는 처지였음을 알아야 합니다. 더구나 어린 공자가 했던 공부는 예법·음악·활쏘기·수레몰기·글씨·셈하기 등 실생활에 관계되었으므로 유용하고, 먹고사는 문제도 해결할 수 있었습니다. 그러니 배우고 때에 맞게 익히면 즐겁지 않았겠습니까? 다시 말하면 공부의 효과를 그때그때 확인할 수 있었기 때문이지요.

만약 여러분이 부모님이나 도와주는 사람 없이 혼자서 먹을 것을 해결해야 한다면, 당장 무얼 배워서 먹고살겠습니까? 배울 때마다 먹고사는 문제가 해결된다면 어찌 즐겁지 않겠습니까? 지금 여러분들은 당장 살아가는 데 필요한 지식보다 먼 미래의 보다 나은 삶을 위할지도 모르는, 아니 그보다 대학입시에 필요한 지식을 쌓기 때문에 공부가 기쁘지 않습니다. 물론 그 자체만으로 기쁨을 누리는 학생들도 있겠지요. 이렇듯 공자가 배우고 익히니 기쁘다고 한 말은 전혀 이상하지 않습니다.

그러나 어떤 목적을 위해서든 아니든, 배움 그 자체는 기쁜 것입니다. 왜냐하면 배움을 통해 자신의 능력이 향상되거나 호기심을 채워주기 때문입

30

니다. 설령 도둑이 되기 위해 그 술법을 배우는 경우라 하더라도 새로운 것을 배우는 그 순간만큼은 희열이 있기 마련입니다. 비록 더 큰 후회가 기다리고 있더라도 말입니다. 그렇다면 어떻게 해야 배움에 기쁨이 있을까요?

 **좋아하는 것은 즐기는 것만 못하다**

공자가 말했다. "아는 것은 좋아하는 것보다 못하고, 좋아하는 것은 즐기는 것보다 못하다."

子曰 知之者는 不如好之者요 好之者는 不如樂之者니라 (「옹야」)
知: 알다 | 之: 어조사 | 者: ~것 | 不如: ~보다 못하다 | 好: 좋아하다 | 樂: 즐기다

'아는 것'과 '좋아하는 것' 대신에 '아는 사람'과 '좋아하는 사람'으로 해석해도 뜻은 통합니다. 아는 것과 좋아하는 것과 즐기는 것의 대상은 원래 '도'입니다. 도는 다니는 길·방법·도리·진리란 뜻을 가지고 있습니다. 여기서는 도를 알고 좋아하고 체득하여 즐기는 세 단계의 경지를 말합니다.

예를 들어 축구 경기로 그 차이를 비유해 보겠습니다. 안다는 것은 집에서 텔레비전으로 축구 중계를 보는 것이라고 할 수 있습니다. 좋아하는 것이란 축구장에 가서 경기를 직접 보면서 응원하는 것이라고 할 수 있습니다. 즐기는 것이란 축구의 기술을 익혀 직접 경기에 참여하면서 즐기는 것

이라고 할 수 있습니다. 그렇다면 어느 쪽이 축구의 맛을 가장 잘 느낄 수 있을까요? 당연히 운동장에서 축구를 직접 하는 쪽이 아닐까요?

그런데 대부분 학생들은 배움을 즐기고 싶은데 그렇지 못합니다. 왜 그럴까요? 그 이유는 매우 간단합니다. 자기가 하고 싶지 않은 내용을 배우기 때문입니다. 물론 억지로라도 하다 보면 좋아질 때가 있다고 어른들은 말하지만, 그럴 가능성은 매우 낮습니다. 게다가 한술 더 떠서 "고3때 적게 자면 장래 부인의 얼굴 또는 남편의 직업이 달라진다"라고 농담을 하기도 합니다. 싫어도 참고 견디며 공부에만 열중하라는 뜻입니다.

이렇게 보면 선량한 청소년과 탈선한 청소년의 차이는 종이 한 장에 지나지 않습니다. 싫어도 참고 공부해서 원하는 대학에 가거나 직장을 구하는 청소년은 선량하고, 그 싫어하는 것을 못 참고 자기가 하고 싶은 일을 좇아간 학생 가운데 탈선한 청소년이 나옵니다.

탈선이란 별거 아닙니다. 꼭 흉악한 범죄를 저지르거나 사회에 물의를 일으킨 것만 탈선이 아닙니다. 원래는 정해진 궤도(길) 즉 사회나 부모가 정해주고 기대하는 틀을 벗어난 행동이 탈선입니다. 비록 탈선해서 성공하는 경우도 간혹 있지만, 대부분 실패를 맛보게 됩니다. 그러니 청소년이 좋은 사회 환경과 정신적으로 건강하고 합리적인 부모를 만나는 일이 얼마나 큰 축복인지 두말할 필요가 없습니다. 탈선하지 않도록 다양한 길을 열어준다는 점에서 그렇습니다.

현실적으로 볼 때 배움을 즐기려면 자기가 좋아하는 일부터 배워야 합니다. 공자도 한때 제나라에 갔을 때 음악을 듣고 배우다가 푹 빠져서 석 달 동안 고기 맛을 잊었다고 합니다. 이렇게 어떤 일에 푹 빠지게 되면 저절로 즐기게 되고, 즐기게 되면 그 일의 맛을 알게 됩니다. 맛을 알면 당연히 기쁨이 찾아오지요.

잘하려면 그 자체를 즐겨야 한다

'여왕의 교실'이란 드라마에서 교사가 반 아이들에게 "공부란 하는 것이 아니고 하게 되는 것이다"라고 말합니다. 하게 된다는 말은 호기심과 아는 것에 대한 경이로움 때문에 저절로 공부하게 된다는 뜻입니다. 맞는 말입니다. 사실 모든 일이 공부이며 공부란 즐거운 겁니다. 그래서 그 드라마에서 "공부란 인간만이 가진 특권이다"라고 말했는지 모릅니다.

그러니 어쩔 수 없이 억지로 하는 공부가 아니라, 내가 가장 즐기는 일에서 찾는다면 인생의 절반은 성공한 겁니다. 그러나 이것 하나만은 기억하십시오. 일시적인 유행을 따라 가는 일을 자기가 정말로 좋아한다고 착각하지 말라는 점입니다. 여러분은 무엇을 가장 즐기고 싶습니까?

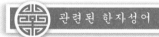 관련된 한자성어

학이시습(學而時習)

배우고 때에 맞게 익힌다는 뜻으로, 경험하여 알거나 깨달은 것을 기회가 있을 때마다 실제로 적용시키고 실험해 본다는 의미로 해석된다. 「학이」편의 맨 첫 글귀에서 유래됨.

뭣 하러 배우는가

배움의 목적

요즘 청소들에게 장차 커서 무엇이 되고 싶은지 물어보면, 옛날과 많이 달라졌다고 하지만, 여전히 부모의 영향인지 '사(士)'자로 끝나는 직업, 가령 변호사·회계사 등의 직업을 선호합니다. 이에 못지않게 연예인을 선호하는 것이 예전과 확실히 달라진 점이라 하겠습니다.

이런 현상을 가만히 따져 보면 결국 그 직업에 돈과 인기(명성)가 따라온다는 점입니다. 한때 인기를 끌었던 과학자나 엔지니어(기술자)를 선호하는 학생이 줄어든 현상도 그 직업이 돈과 인기에서 밀렸다고 봐야 하겠습니다.

이렇게 어떤 직업을 선택하고 희망하는 문제는 그 사회의 문화적 가치 곧 일반 시민들의 지적 수준을 반영하고, 곧바로 학생들이 배우는 목적과 관계가 됩니다. 일반적으로 배우는 목적은 각자 행복하게 살기 위해서라고 형식적으로 정의할 수 있는데, 어떻게 사는 것이 행복하냐고 물어 보면 그 답변의 배후에는 결국 돈이나 인기가 도사리고 있습니다.

그렇다면 돈과 인기를 얻기 위한 것이 배움의 참 목적이 될 수 있을까요?

밥벌이를 위해 배운다

공자가 말했다. "삼 년을 배우고서 벼슬에 뜻을 두지 않기가 쉽지 않으니라."

　자　왈　　삼　년　학　　　　불　지　어　곡　　　　불　이　득　야
子曰 三年學에 不至於穀을 不易得也니라 (「태백」)

至: 이르다(뜻을 두다) | 穀: 곡식 | 易: 쉽다

한자 원문 곡(穀)은 곡식인데 예전에 벼슬을 하면 녹봉(祿俸 : 오늘날의 봉급)을 곡식으로 받았기 때문에 '벼슬'을 상징합니다. 지(至)는 이르다는 뜻이지만 여기서 뜻을 두다는 지(志)의 뜻으로 쓰였습니다. 그러니까 적어도 삼년을 배웠다면 벼슬에 뜻을 두지 않은 사람을 찾기가 쉽지 않다는 뜻입니다. 요즘말로 하면 직업을 가지려고 한다는 뜻입니다.

사실 대부분의 공자 제자들이 배우고자 하는 일차적인 목적은 높은 도덕

원리나 인생의 지혜를 탐구하기보다는 벼슬살이를 위한 지식이나 정치를 하는 원리 배우기에 있었던 것 같습니다. 그래서 『논어』에서는 벼슬을 구하는 문제에 대한 대화가 자주 등장합니다. 그뿐만 아니라 공자 자신도 어떤 나라에 크게 쓰임을 당하고자 천하를 두루 돌아다녔습니다. 그러니까 벼슬을 얻는 일 자체는 공자를 비롯한 제자들의 지향점이라 할 수 있습니다. 왜냐하면 당시의 사(士：선비) 계급은 벼슬을 하지 않고는 자신의 꿈이나 뜻을 펼칠 수 없었기 때문입니다.

그래서 「자한」편에 보면 자공이라는 제자가 공자에게 "아름다운 옥이 여기에 있다면 상자 속에 감추어 두겠습니까? 아니면 내다 팔겠습니까?"라고 묻자, 공자는 "팔아야지. 나는 앉아서 좋은 값을 기다리는 사람이다"라고 답했습니다. 여기서 옥은 공자를 빗대서 한 말입니다. 그러니 공자와 그의 학파는 정치 참여를 통해 현실을 개선하고자 하였습니다.

사실 오늘날도 마찬가지입니다. 공부를 하는 일차적인 목표는 먹고사는 밥벌이를 제공하는 직업을 갖기 위해서입니다. 설령 하고 싶은 일이나 꿈이 따로 있더라도 형편에 따라서는 어쩔 수 없이 그 꿈을 접거나 잠시 미뤄두고, 취직을 위한 공부를 합니다. 저도 그랬으니까요. 부잣집 자녀 같으면 먹고사는 일보다 자기가 하고 싶은 일에만 신경 쓸 수 있겠지만, 보통 사람들의 공부의 목적은 일차적으로 직업을 갖기 위한 것입니다.

그렇다면 직업을 갖는 것이 정말 배움의 목적 전부일까요?

공자가 말했다. "착하구나! 안회여! 한 대그릇의 밥과 한 표주박의 물로 누추한 빈민가에 사는 것을 다른 사람들은 그 괴로움을 견디지 못하는데, 안회는 그 즐거움을 바꾸지 않으니, 착하구나! 안회여!"

子曰 賢哉라 回也여 一簞食와 一瓢飮으로 在陋巷을 人不堪其憂어늘 回也
는 不改其樂하니 賢哉라 回也여 (「옹야」)

賢: 어질다(착하다) | 簞: 대그릇 | 瓢: 표주박 | 陋: 좁다 | 堪: 견디다 | 憂: 근심 | 食: 밥

한 대그릇의 밥과 한 표주박의 물이란 매우 가난한 삶을 뜻합니다. 즐거움을 바꾸지 않는다는 말은 가난 때문에 즐거운 태도를 바꾸지 않는다는 뜻입니다. 안회(顔回, 기원전521~?)는 공자와 같은 노나라 출신이며 자(字)는 연(淵)으로, 보통 안연이라 부릅니다. 그는 불행하게도 일찍 죽었습니다. 그가 죽자 공자는 "하늘이 나를 버렸구나!"라고 통곡할 정도로 그를 아꼈습니다.

자, 여기서 공자가 "착하구나! 안회여!"라고 말한 것은 최고의 칭찬입니다. 『논어』에 보면 공자는 제자를 섣불리 칭찬하지 않았습니다. 제자들의 좋은 점을 말할 때도 꼭 고칠 점을 빗대서 말했는데, 다만 안회의 경우에만 이렇게 특별한 칭찬을 합니다.

그렇다면 공자가 안회를 칭찬한 이유는 무엇일까요? 그것은 안회가 어려운 환경에서도 '즐거움이 변하지 않는다'는 말 속에 녹아 있습니다. 가난하게 사는 보통 사람 같으면 자신의 신세를 한탄하거나 어려움에 짓눌려 비굴하게 되거나 아니면 남을 원망하거나 낙담하기 일쑤인데, 안연은 오히려 줄곧 즐거움을 간직했다고 하니 범상한 인물이 아닌 것은 확실합니다. 그래서 후세 사람들은 그를 안자(顔子)라 부르며 큰 스승으로 예우했습니다.

그렇다면 그의 즐거움이란 어떤 것일까요? 안회의 즐거움에 대해서 정리해 보면, '배움의 즐거움'이라 볼 수도 있고, 더 나아가 도(진리)를 터득해 그것과 함께하는 즐거움이라 생각할 수도 있습니다. 곧 안연은 인간으로서 지켜야 할 도리를 쌓은 사람, 다시 말해 자기의 인격을 완성하여 스스로 즐기는 경지에 올랐으니 가난하더라도 행복하고 즐거웠던 것입니다.

그래서 공자는 학문이란 자기를 위한 것이 되어야 한다고 말합니다. 이는 "옛날 배우는 사람들은 자기를 위하였는데 오늘날 배우는 사람들은 남에게 보여주기 위해 한다(「헌문」)"라는 말 속에 녹아 있습니다. 곧 공자에 있어서 공부의 최종 목적이 밥벌이나 출세를 위한 것이 아니라 자신의 인격 완성에 있었던 것입니다.

여기서 자기완성이나 인격완성에 대하여 여러분은 별로 내키지 않을 겁니다. 당장 급한 일도 아니고 이해하기 어렵기 때문이지요. 다만 인간이 느끼는 정신적 즐거움의 최고 경지와 가치의 실현으로서 자기완성이 있다는 것만 기억합시다.

인사 청문회

　요즘 공직자 검증을 위해 국회에서 청문회를 열 때나 또 비리를 저지른 지도자들이나 기업가들을 볼 때, 완성된 인격을 지닌 군자다운 사람을 찾기 어렵습니다. 그것은 그들 모두 애초에 배움의 목적을 자기완성이 아니라 돈이나 권력, 명성을 얻고자 하는 데 두었기 때문입니다. 만약 여러분도 돈을 벌어 부자가 되기 위해서 또는 인기나 명성을 얻기 위해서만 공부를 한다면, 여러분도 훗날 청문회에 나와서 망신을 당하는 사람들처럼 되기 쉽습니다.

　만약 그런 목표를 갖고 공부를 한다면 절대로 고위 공직자가 되려고 해서도 안 되며 될 수도 없다는 것을 명심하십시오. 그런 사람이 지도자가 되면 사회가 바로 서지 못하기 때문입니다.

　게다가 돈과 권력과 명성을 얻었다고 해서 반드시 행복하다는 보장은 없습니다. 그런 것들이 순간적인 행복과 쾌락을 가져다 줄 가능성은 분명해 보이지만, 인간이란 원래 간사한 동물이라 그런 것만으로 만족하지 못해 끝없이 더 많은 것을 바라게 됩니다. 그러니 최고의 행복과 즐거움을 가져다주는 것은 따로 있습니다. 과연 배움의 최종 목표를 어디다 두어야 할까요?

관련된 한자성어

일단사일표음(一簞食一瓢飮)

대나무로 만든 한 그릇의 밥과 표주박에 담긴 한 바가지의 물이란 뜻으로 매우 가난한 처지를 나타내는 말로서 「옹야」편에서 유래.

배움의 단계

빨리 어른이 되었으면

"골치 아픈 수학 공부도 안 하고 영어단어 외우지 않아도 되니까 어른들
은 좋겠다."

"야, 대학교만 들어가 봐라. 자기가 좋아하는 전공과목만 하게 된대."

"바보야! 그걸 누가 모르니? 대학교에 들어가느냐가 문제니까 하는 말이
지. 아, 빨리 어른이 됐으면 좋겠다."

공부가 힘들 때 학생들은 흔히 이런 대화를 나눕니다. 어른이 되면 공부
에서 해방되니까 좋을 거라 상상합니다. 그러나 정작 어른이 되면 해야 할
공부도 일도 더 많아집니다. 전쟁에 비유하면 학생시절은 훈련소에서 훈련

받는 시절이고, 어른이 된다는 것은 생사가 갈리는 전장에서 목숨 걸고 전투에 참여하는 것입니다. 실전 경험이란 바로 싸우면서 배운 것을 말합니다. 어쩌면 학생 때가 더 편할지 모릅니다.

 **뜻을 세우고 나아가다**

> 공자가 말했다. "나는 열다섯 살에 배움에 뜻을 두었고, 서른에 독립하였고,
> 마흔에 유혹에 넘어가지 않게 되었고, 쉰에 천명을 알았고, 예순에 남의 말이
> 귀에 거슬리지 않았고, 일흔에 내 마음대로 해도 법도에 벗어나지 않았다."

子曰 吾十有五而志于學하고 三十而立하고 四十而不惑하고 五十而知天命
하고 六十而耳順하고 七十而從心所欲호되 不踰矩호라 (「위정」)

志: 뜻을 두다 | 立: 서다 | 惑: 의혹하다 | 知: 알다 | 命: 목숨, 운수 | 耳: 귀

順: 순하다 | 從: 좇다 | 欲: 하고자 하다 | 踰: 넘다 | 矩: 곱자

공자는 열다섯 살에 배움에 뜻을 두었다고 했는데, 그 이전에는 배우지 않았을까요? 이 말은 공자가 기초교육을 받지 않았다는 뜻이 아닙니다. 춘추시기 이전부터 어린이들이 배워야 할 여섯 가지 교육이 있었습니다. 육예(六藝)라고 하여 예법·음악·활쏘기·수레몰기·글씨·셈하기 등 생활에 필요한 것을 배웠습니다.

여기서 공자가 열다섯 살에 학문에 뜻을 두었다는 것은 고대의 대학(大學)에서 배우는 학문을 말합니다. 대학이란 돈과 학력만 갖춰지면 누구나 다니는 지금의 대학교와 같은 것이 아니라, 기초교육을 받은 왕실이나 귀족 자녀를 위한 학교입니다. 대학을 중국에서는 벽옹 또는 반궁이라 불렀고 고구려는 태학, 신라는 국학, 그리고 고려는 국자감, 조선은 성균관이라 불렀습니다.

그러니 열다섯 살에 대학의 배움에 뜻을 두었다는 것은 오늘날 식으로 말하면 중학생 정도의 나이에 자신의 인생 방향을 결정했다는 뜻으로 보면 됩니다. 이와 비교하면 요즘 청소년들은 초등학생 이전부터 자신의 장래희망을 정해서 바꾸지 않고 공부를 하는 사람도 드물지만, 고등학생 아니 대학생이 되어서도 자신이 장차 무엇을 해야 할지 망설이는 사람도 있습니다.

서른에 독립했다는 말은 그 나이에 스승의 도움 없이도 스스로 학문할 수 있는 능력을 갖추었다는 뜻입니다. 마흔에 유혹에 넘어가지 않았다는 말은 일차적으로 앎이 밝아지고 확고해서 그 학문에서 추구하고자 하는 목표 외에 다른 곳에 마음이 흔들리지 않았다는 뜻도 되고, 자신의 가치관이나 철학에 어긋나는 행동을 하지 않았다는 말도 됩니다.

또 쉰에 알았다는 '천명'이란 하늘의 명령이나 뜻을 말하는데, 하늘이 기독교의 하느님처럼 인격을 가져서 명령하는 것이 아니라, 공자 스스로 깨달은 내면적인 자신의 능력이나 한계를 말합니다. 더 나아가 사물의 원리나 이치 또는 인간의 운명을 말합니다.

예순에 남의 말이 귀에 거슬리지 않았다는 것은 사물의 이치를 다 통달하고 이해했기 때문에 남이 무슨 말을 하든지 자기가 알고 있는 것에 어긋나지 않으므로 마음에 쉽게 들어온다는 포용적인 태도를 뜻하며, 일흔에 하고 싶은 대로 해도 법도에 벗어나지 않았다는 말은 인격수양이 이미 높은 경지에 올라 욕망에서 해방되어 특별히 노력하지 않아도 법도에 딱 들어맞는 것을 말합니다.

이 말은 공자가 일흔이 넘어서 한 말이며 인간의 생애에 있어서 공부의 수준이나 단계를 말해줍니다. 곧 공부의 방향을 정하고, 독립하고, 흔들리지 않고, 사물의 근본적인 이치를 깨닫고, 매사에 포용적이며, 자신의 인격을 완성하는 순서입니다.

여러분도 그때그때 배워야 할 공부의 과정이 있습니다. 그러니 수준에 맞게 과정을 밟아 공부하는 것이 중요합니다. 이른 나이에 모든 것을 다 알수는 없는 법입니다.

 형이상자

공자가 말했다. "보통 사람 이상은 높은 것을 말해 줄 수 있지만 보통 사람 이하는 그것을 말해 줄 수 없다."

자왈 중인이상 가이어상야 중인이하 불가이어상야
子曰 中人以上은 可以語上也어니와 中人以下는 不可以語上也니라

(『옹야』)

中: 중간 | 可: 가능하다 | 語: 담화하다

'높은 것'이란 보통 형이상자와 관계되는데, 그것은 『주역』의 "형이상자(形而上者)를 일러 도(道, 길)라 부르고 형이하자(形而下者)를 일러 기(器, 그릇)라고 한다"는 말에서 유래되었습니다. 형이상자는 세계나 사물의 형체가 없는 철학적인 근본 원리나 진리에 해당되고, 형이하자는 눈과 귀로 감각할 수 있는 사물이나 그 쓰임을 말합니다.

여기서 공자는 보통 사람 이상은 철학적인 주제를 이해할 수 있어서 말해줄 수 있지만, 그 이하는 어차피 이해를 못하므로 말해 줄 필요가 없다는 뜻으로 말했습니다. 공부의 단계는 밥벌이를 위해 필요한 지식이나 기술을 배우는 일에서 끝나지 않고, 이처럼 인생과 세계에 대한 근원적인 지식도 알아야 함을 말해주고 있지요.

오늘날 초등학교에서 고등학교에 이르기까지 공교육에서 철학을 거의 다루지 않는 일은 공자의 이 말에 따라 이해가 됩니다. 그런데 대학에서조차도 철학과에 진학하지 않는 이상 철학을 배울 기회가 거의 없습니다. 예전에는 대학에 입학하면 무조건 철학을 2학점 이상 수강하게 하였는데, 요즘은 학생들이 선택하지 않으니 다수 대학에서 인기가 없다는 이유로 교양을 위한 철학 강좌를 없앴기 때문입니다.

그러니 인생과 세계에 대한 심오한 진리를 이해할 기회는 철학자를 찾아가 배우든지 스스로 독서를 통해 공부할 수밖에 없습니다. 공자의 말을 기준으로 보면 대학 당국 스스로 보통 사람 이하의 인간을 키우면서 돈벌이만 신경 쓰는 것이라 할 수 있습니다.

그러니 학교에 다닐 때만 배움이 있다고 오해해서는 안 되고, 대학을 졸업했다고 다 배웠다고 생각해서도 안 됩니다. 어쩌면 배움은 죽어서야 끝날지 모릅니다.

형이상자를 모르면 어때?

학생 때는 굳이 형이상자를 몰라도 삶에 큰 지장이 없습니다. 그러다가 학교를 졸업하고 사회인으로서 돈벌이에 성공하거나 높은 지위에 올라서도 형이상자와 같은 철학적 주제를 이해하지 못하면, 우주와 인생에 대한 정신적 빈곤에 빠지게 됩니다. 그래서 지적인 열등감을 가지고 세속적이고 속물적인 천박한 삶에서 벗어나지 못하는 게 보통 사람들의 현실입니다.

많은 사람들이 그러한 정신적 빈곤을 해결하기 위해 종교에 귀의합니다. 그러나 대다수 종교인들은 정신적 빈곤을 스스로 해결하지 못하고 성직자의 말에 절대적으로 의존하게 됩니다. 마치 어린아이가 어머니의 젖을 먹듯이 항상 남이 말해주는 것에 매달립니다. 이러면 지적인 성장도 인격의 독립도 성직자의 수준을 벗어나기 어렵고, 성직자의 말을 제대로 비판할 능력도 없습니다. 그러니 정신적인 유아나 노예의 상태에 머물고 맙니다. 자기 인생을 남이 일러 준대로 사니까요. 이는 얼마나 끔찍한 일입니까?

불혹(不惑)

미혹되지 아니하거나 나이 사십대를 말하며 「위정」편에서 유래.

지천명(知天命)

하늘의 명을 알았다는 뜻으로 50세를 비유적으로 일컫는 말.

이순(耳順)

귀가 순해진다는 뜻으로 60세를 비유적으로 일컫는 말.

종심소욕불유구(從心所慾不踰矩)

마음이 하고 싶은 대로 해도 법도에 넘어서지 않는다는 뜻으로 인격의 완성을 뜻함.

실천이 없는 배움은 헛것이다

학교에서 뭘 배웠냐?

요즘 많은 학부모들은 자녀들이 선행이나 봉사활동을 하는 것보다 공부를 잘해서 좋은 대학에 들어가는 것을 최고라 생각합니다. 그래서 청소년 시기에는 오로지 공부만 시킵니다. 원하는 대학에 들어가서도 사정은 바뀌지 않습니다. 취업하려면 또 시험공부를 할 수밖에 없기 때문입니다. 이렇게 줄곧 시험공부만 하다 대학을 졸업합니다.

그런데 어른들 가운데는 어쩌다 젊은이들에게 일을 시켜 보고 제대로 일을 할 줄 모른다고 불평하는 사람들이 있습니다. 도대체 학교에서 뭘 배웠냐고 핀잔을 줍니다. 젊은이들은 그런 말을 들으면 어이없고 억울해 합니다. 도대체 어쩌라고 하면서 짜증을 냅니다.

왜 이런 현상이 생겼을까요? 학교에서 배운 것과 직장에서 하는 일이 달라서 그럴까요?

 실천의 중요성

공자가 말했다. "젊은이는 집에 들어오면 효도하고 밖에 나가면 웃어른께 공손하며, 행동을 삼가고 미덥게 행하며 널리 사람들을 사랑하면서도 어진 이와 친할 것이니, 이렇게 실천하고도 힘이 남아돌면 글공부를 할 것이다."

子曰 弟子入則孝하고 出則弟하며 謹而信하며 汎愛衆호되 而親仁이니

行有餘力이어든 則以學文이니라 『학이』

弟: 아우, 공손하다 | 子: 아들 | 孝: 효도하다 | 謹: 삼가다 | 信: 미덥게 하다

汎: 넓다 愛: 사랑하다 | 衆: 무리 | 親: 친하게 지내다 | 行: 행하다 | 餘: 남다

여기서 제자는 공자의 가르침을 받는 사람일 수도 있으나 일반적으로 남의 자식이나 동생이 되는 젊은이란 뜻으로 쓰입니다. 여기서 실천의 문제는 덕행(德行)과 관계되며 글공부는 문예(文藝), 곧 학문과 예술에 관계됩니다.

그래서 공자의 논리는 덕행이 우선이며 문예는 차선이라고 할 수 있습니

다. 다시 말하면 실천을 통해 덕행을 닦는 것이 먼저지 글공부인 문예를 덕행에 앞세워서는 안 된다는 뜻입니다. 문예가 필요 없다는 뜻이 아니라 문예 때문에 덕행이 닦이지 않은 것을 경계하는 말이라고도 볼 수 있습니다.

이것과 비교하면 오늘날 많은 학부모들은 공자의 이 논리와 반대로 학생들을 글공부로만 내몰아 일을 모르는 바보로 만드는 것이 아닌지 의심이 듭니다. 행동이 다소 서툴거나 예의에 어긋나도 공부만 잘하면 용서가 된다는 생각이 지배적입니다. 원하는 대학에 들어가기만 하면 만사가 문제없는 것처럼 생각하지만, 설령 명문 대학을 졸업해도 사람을 제대로 대하는 기본 태도가 갖추어지지 않았다면 남의 비아냥거림과 핀잔을 들으면서 평생 갈등만 일으키고 살게 됩니다.

조선 전기의 유명한 학자 김굉필(金宏弼, 1454~1504)은 30세까지 유독 『소학』을 열심히 읽고 실천하며 스스로 '소학동자'라 불렀는데, 그것은 당시 어린이들이 학문의 기초를 배울 때 사용하는 『소학』 속에 모든 가르침이 들어 있다고 여겼기 때문입니다. 사실 『소학』은 대부분 기본생활 중심의 실천하는 내용으로 되어 있으니 김굉필의 생각은 공자의 이 말과 같은 논리라 하겠습니다.

이런 『소학』에 빗대 초등학교 바른생활 교과서에 나오는 내용만 잘 실천해도 사회가 훨씬 좋아질 것이라 누군가 말하기도 합니다. 그 교과서 내용의 일부가 텔레비전 공익광고에 소개되기도 했습니다. '우리는 다 배웠잖아요'라는 제목으로 방영되었습니다. 그러니까 지식만 배우고 덕행을 실천하지 않는 경우에도 도대체 학교에서 뭘 배웠냐고 핀잔을 줍니다.

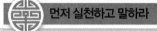

자공이 군자에 대해서 물으니 공자가 말했다. "군자란 말하려고 하는 것을 먼저 실천하고 난 뒤에 말하는 자이다."

자공   문군자   자왈 선행기언   이후종지
子貢이 問君子한대 子曰 先行其言이요 而後從之니라 『위정』

問:묻다 | 先:먼저 | 言:말 | 後:뒤, 나중 | 從:좇다, 따르다

군자는 인격을 완성한 사람으로 참된 인간을 뜻합니다. 자공은 공자의 제자인데 말을 앞세우기 좋아했던 모양입니다. 그래서 자공이 군자가 어떤 사람인지 묻는 질문에 대해서 공자는 말하고자 하는 것을 먼저 실천하고 말하라고 했습니다. 말을 앞세우지 말라고 핀잔한 것 같습니다.

말이란 인문학 관련 공부를 하면 잘하게 됩니다. 이론과 논리를 배우기 때문입니다. 우리와 전통이 다른 서양에서는 고대부터 말을 잘하기 위해 수사학이나 논리학도 가르쳤지만, 오늘날 우리는 책만 많이 읽어도 나름대로 논리를 가지고 대화를 하게 됩니다.

그렇기는 하지만 어쨌든 우리는 전통적으로 말만 앞세우는 사람을 싫어합니다. 선거판에서도 말 잘하는 사람이 오히려 손해를 보는 경우가 많습니다. 학교나 가정에서도 어른들은 말로만 떠드는 학생보다는 묵묵히 제 할 일을 하는 사람을 더 좋아합니다. 모임이나 직장, 어느 단체든지 말로만 떠드는 사

람보다 말없이 자신의 역할을 하는 사람들 좋아합니다. 부모나 스승이나 관리자나 남의 위에 있는 사람 입장에서는 말을 앞세우는 아랫사람보다 실천을 먼저 하는 사람을 좋아하는 것이 보편적입니다.

반면에 남의 아래 위치에 있는 사람들은 말을 잘하는 동료를 좋아합니다. 다시 말하면 자신이 약자의 입장에 있을 때는 그 약자를 대변해 말을 잘하는 사람을 좋아하게 됩니다. 학생 대표, 노동자 대표, 시민 대표, 주민 대표, 입주자 대표 등 모두 말을 잘해야 될 수 있습니다.

그럼 도대체 말을 잘해야 할까요? 아니면 그냥 입 다물고 살아야 할까요? 답은 간단합니다. 말을 해야 할 때와 말을 앞세우지 말아야 할 때를 잘 구별해야 합니다. 자신의 행동에 한 점 부끄러움이 없기만을 기다려 말을 해야 한다면, 평생 말 한마디 못하고 살 수도 있습니다. 할 말은 하고 살아야 합니다. 다만 자신의 책임과 의무를 소홀히 하고 말만 했다가는 그 말이 남에게 먹히지 않기 때문에, 말보다 실천을 앞세우는 것이 훨씬 효과적이고 좋은 인상을 준다는 점을 명심해야 합니다.

일하면서 배우라

오늘날 우리나라 청소년들은 입시공부에 전력하다 보니 실생활에 필요한 일을 모두 생략하고 학교 공부에만 매달려서 안타깝습니다. 게다가 부모들은 학생들에게 일을 시키면 공부에 방해가 되어서 큰일 나는 줄 압니다. 이런 태도는 공부의 즐거움도, 일할 줄도 모르는 반쪽 인간을 키우게 됩니다.

성공한 사람이 되려면 어릴 때부터 집안일을 돕고 동생이나 가족을 돌보며 봉사활동도 해야 합니다. 연구보고서를 보거나 성공한 학부모들의 경험담을 들어보면 약간의 일을 해 본 학생들의 성적이 공부만 하는 학생들보다 더 좋다고 합니다. 왜냐하면 일을 통해 무엇보다 일 그 자체를 배우게 되고, 또 시간을 효율적으로 사용하게 되어 공부의 효과와 즐거움이 커지기 때문입니다.

그뿐만이 아닙니다. 일을 하면 다른 사람의 입장과 처지를 이해하게 되어 좋은 인간관계를 맺는 법도 배우게 됩니다. 그리고 무엇보다 일을 통해 고통과 분노를 참거나 조절하는 법도 배우게 됩니다. 세상에 언제나 좋은 일과 기쁜 일만 가득하면 좋겠지만, 사실은 무미건조하거나 지루하거나 짜증나거나 고통스럽거나 화나게 만드는 일이 더 많기 때문입니다.

이렇듯 일을 통해서 더 많은 것을 배울 수 있습니다. 글공부만이 전부가 아님은 확실합니다.

 관련된 한자성어

선행기언(先行其言)

그 말을 먼저 실천한다는 뜻으로 말보다 실천을 앞세워야 한다는 말. 「위정」편에서 유래.

경 험 이 냐 생 각 이 냐

무식하면 용감하다

우리는 종종 무식하면 용감하다는 말을 들곤 합니다. 보고 들어서 아는 것이 없어 앞뒤를 가리지 않고 무작정 일을 저지르는 사람을 두고 핀잔 하는 말입니다.

여기서 '보고 들어서 아는 것'은 경험과 관계가 되고, '앞뒤를 가리지 않고 일을 저지르는 것'은 생각 없는 행동입니다. 그러니까 어떤 행동을 할 때 경험과 생각이 중요하다는 뜻입니다. 그렇다면 경험과 생각 가운데 어느 것이 더 중요할까요? 일을 제대로 하려면 어느 쪽이 더 필요할까요?

공자가 말했다. "내가 일찍이 종일 먹지 않고 밤새도록 잠자지 않고 생각을
해보니 유익함이 없었다. 배우는 것만 못하였다."

子曰 吾嘗終日不食하며 終夜不寢하여 以思호니 無益이라 不如學也로라
(『위령공』)

嘗: 일찍이 | 終: 끝까지 | 食: 먹다 | 寢: 자다 | 思: 생각하다 | 益: 이로움
不如: ~보다 못하다

배움이란 무엇일까요? 배움이 뭔지 또 어떻게 가르치고 배우는 게 잘하
는 것인지 다루는 것이 교육학인데, 교육학의 분야가 넓고 이론도 많은 것
을 보면 배움을 간단히 말하기는 어려울 듯합니다. 비록 그러하나 필자는
여기서 무리를 감행해서라도 말해 보려고 합니다.

먼저 배움이란 보고 듣고 체험하는 경험과 관계됩니다. 가령 겨울에 눈
이 내리고 찬바람이 불며 기온이 뚝 떨어지는 날씨를 경험한 사람은 겨울
이 춥다는 것을 기억하게 됩니다. 봄과 여름, 가을도 이런 식으로 경험하여
알게 됩니다. 만약 그런 경험이 없는 사람, 가령 열대지방에 사는 사람에게
겨울을 아무리 설명해도 제대로 알 리가 없을 것입니다. 머릿속으로 상상
만 하겠지요. 이때 경험하여 아는 것은 자기가 하는 것입니다. 교사나 부모

는 안내만 하지 정작 경험해서 기억해야 하는 사람은 배우는 자신입니다.

다음으로 배움은 어떤 내용이나 주제에 대해서 생각을 가지고 이해해야 합니다. 우리 전통에서는 그것을 '깨닫는다'라고 말합니다. 가령 "선분은 이 세상 어디에도 존재하지 않는다"는 사실을 알려면 스스로 생각해서 깨달아야 합니다. 이것은 경험해서 알 수 있는 문제가 아닙니다. 다만 남이 말해주거나 평면에 선을 그어서 보여주는 일은 깨닫기 위해 도움을 주는 일에 지나지 않습니다.

사실 선분이란 두 점을 곧게 이어 길이만 있고 넓이가 없습니다. 어디든 선분을 그린다면 설령 아무리 가늘게 그려도 반드시 넓이가 나옵니다. 진정한 선분은 마음속에만 있습니다. 그러니까 그건 이해, 곧 깨달음의 문제입니다. 그리고 깨달음은 반드시 생각을 통해 이루어집니다.

그러니 공부에서는 경험과 생각이 수레의 두 바퀴와 같습니다. 공자의 앞의 말은 바로 앎에는 두 가지 종류가 있음을 말하는 것입니다. 본문의 "배우는 것만 못하였다"에서 배우는 것은 바로 '경험'을 가리키는데, 어떤 특정한 앎의 단계에 있어서는 생각보다 경험의 중요성을 말하고 있지요.

공자가 말했다. "배우기만 하고 생각하지 않으면 마음이 어두워 얻는 게 없고, 생각하기만 하고 배우지 않으면 공부가 위태롭다."

자왈 학이불사즉망 사이불학즉태
子曰 學而不思則罔하고 思而不學則殆니라 (「위정」)

思: 생각하다 | 罔: 어둡다 | 殆: 위태롭다

여기서의 배움도 경험을 가리키며 '마음이 어둡다'는 것은 경험만 하면 논리가 없어 마음에서 정리되는 것이 없음을 말합니다. 그 말 대신에 '고집이 세다'로 풀이할 수도 있는데 뜻은 통합니다. 그리고 '공부가 위태롭다'는 말은 공허한 논리만 앞세우고 구체적인 일을 경험하여 익히지 않아서 불안하다는 뜻입니다.

그리스 철학자 아리스토텔레스(기원전384~322)는 경험하는 것은 눈·코·입 등의 육체와 관계되고, 생각은 영혼의 기능인 지성 곧 이성이 한다고 보았는데, 그의 스승 플라톤(기원전427~347)은 이성이야말로 가장 중요하며 육체를 통한 감각적인 경험은 보잘것없다고 여겼습니다. 플라톤은 참된 앎 곧 세상의 참 모습은 경험할 수 있는 이 세계에 있는 것이 아니라, 생각을 통해 깨달아야 하는 영원한 진리의 세계에 있다고 보았기 때문입니다. 플라톤이 경험보다 생각을 중요하게 여겼다면, 아리스토텔레스는 공자처럼 경험과 생각 모두를 중요하게 보았습니다.

훗날 영국의 로크(1632~1704)와 홉스(1588~1679)와 벤담(1748~1832) 등은 경험이야말로 앎의 원천이라고 여기면서 경험주의 철학을 주장했습니다. 반면 프랑스의 데카르트(1596~1650)나 독일의 라이프니츠(1646~1716)는 생각하는 이성이야말로 확실한 지식을 가져온다고 보고 합리주의를 주장하였고, 독일의 철학자 칸트(1724~1804)는 경험론과 합리론을 종합하였습니다.

이런 철학적 입장에서 보면 공자 또한 경험과 생각이 모두 중요하며 한쪽으로 치우쳐서는 안 된다고 말했습니다. 공자를 이 책의 맨 앞에서도 하학상달(下學上達), 곧 작은 것부터 하나씩 배워서 높은 경지에 오른 사람이라고 소개했는데, 하학은 경험과 관계가 되고 상달은 생각과 관계가 됩니다. 따라서 경험을 통해서 깊은 사고를 할 수 있는 경지에 올랐다고 말할 수 있습니다.

경험은 앎의 밑바탕입니다. 경험을 통해서만 생각하는 힘이 자랍니다. 반면 생각이 없으면 아는 것을 정리하거나 판단할 수 없고, 더 깊은 진리를 파악할 수 없습니다. 그래서 사람들은 경험을 늘리기 위해 여행을 하거나 책을 보고 다른 사람들의 이야기를 듣습니다. 반면 생각하는 힘을 키우기 위해 철학적 논리나 수학, 인문학을 공부하기도 합니다.

경험 없는 생각은 공허하고, 생각 없는 경험은 무질서하다

보통 학생들은 철학이나 수학처럼 생각을 많이 해야 하는 과목을 별로 좋아하지 않습니다. 대신 여행을 하거나 체험학습에 참여하는 것은 좋아합니다. 너무나 당연합니다. 인간의 정신발달 단계에서 보면 바깥 사물을 경험하는 일을 통해서 깊이 생각하는 사고의 능력이 생겨나기 때문입니다. 그러니까 나이가 어릴수록 많이 보고 많이 듣는 체험학습이 유익합니다. 나이가 들면 경험이 필요 없다는 말은 결코 아닙니다. 풍부한 견문은 깊은 생각을 하도록 만들기 때문입니다. 그러니 생각하는 힘이 없다면, 우선 보고 듣는 체험을 많이 하는 일이 중요하지요.

이런 까닭으로 어릴 때부터 지나치게 복잡한 논술이나 어려운 수학을 가르치는 것은 아이의 정신발달에 좋지 않습니다. 왜냐하면 인간의 생각은 경험을 바탕으로 자라나기 때문입니다. 구체적 경험이 적은 학생들에게 논리나 어려운 수학을 가르치는 것은 공허한 일이며 아이를 망치는 일입니다. 그러다가 학년이 올라갈수록 생각이 싹트게 되고, 생각하는 힘이 자라납니다. 논리나 어려운 수학은 그때 가르쳐도 늦지 않습니다.

반면에 어른이 되어서도 알고 있는 내용이 정리 되지 않아 말하는 것이 무질서하고 논리가 없다면, 분명 생각이 모자라는 사람입니다. 요즘 해외여행을 통해 자기가 본 외국의 풍습과 자연의 겉모습만 자랑하고 떠드는 사람들 가운데도 그런 사람들이 많습니다.

이렇듯 경험도 중요하지만 생각하는 힘이야말로 인간의 지성이며 인간만이 가지고 있는 고귀한 정신능력입니다. 고대로부터 서양 사람들은 그것을 매우 중요하게 여겼고, 그것이야말로 인간이 신을 닮은 능력이라 보았습니다. 이 또한 저절로 키워지는 것이 아니므로 경험을 통해 생각하는 힘을 키우는 공부를 해야 합니다.

 관련된 한자성어

학사병진(學思竝進)

배우는 것과 생각하는 것이 함께 이루어져야 한다는 뜻으로 「위정」편에서 유래. 병(竝)은 아우르다, 진(進)은 나아가다의 뜻.

앎이 이전보다 나아지려면

진보상

예전에 필자가 학교에 다닐 때는 '진보상'이란 상이 있었습니다. 당시는 월말고사를 치른 후 성적이 우수한 학생에게 상을 주었고, 평균점수가 10점 이상 올라간 사람에게는 특별히 진보상을 주었습니다. 진보(進步)란 발걸음이 앞으로 나아간다는 뜻이니, 성적만이 아니라 실력이나 어떤 사회·역사의 상태가 이전보다 나아짐을 뜻합니다.

여러분들도 실력이 매일 진보하면 좋겠지요? 자신은 물론 부모님도 매우 기뻐할 것입니다. 그래서 학원에 다니기도 하고 스스로 공부하기도 합니다. 그런데 많은 학생들은 자신이 얼마나 진보했는지 시험 점수를 보고서 확인합니다. 그러나 매일 확인하는 방법도 있습니다. 그러면 그 기쁨이 매우 크겠지요.

 진보를 좋아했던 공자

공자가 안연을 두고 말했다. "안타깝구나! 나는 그가 진보하는 것만 보았고 멈추는 것을 못 보았다."

자 위 안 연 왈 석 호   오 견 기 진 야   미 견 기 지 야
子謂顔淵曰 惜乎라 吾見其進也요 未見其止也로라 (「자한」)

謂: 말하다 | 惜: 애석하다 | 吾: 나 | 見: 보다 | 進: 나아가다 | 未: 아니다 | 止: 멈추다

이 말은 공자가 가장 아끼던 제자 안연이 서른 두 살의 젊은 나이에 죽었을 때 공자가 애석하게 여기면서 한 말입니다. 다른 곳을 보면 안연이 죽었을 때, 공자는 "아, 슬프다! 하늘이 나를 버렸구나! 하늘이 나를 버렸구나!(「선진」)"라고 하면서 하늘이 무너진 듯 한탄했습니다. 앞에서도 말했지만 안연은 공자가 무척 아끼고 사랑한 제자였습니다.

이렇게 공자가 안연을 사랑한 이유는 여러 가지가 있지만 앞의 내용에서 볼 때는 그의 학문이 머물러 있지 않고 계속 진보한다는 점 때문입니다. 어떤 스승이 제자가 진보하는 데 기뻐하지 않겠습니까? 사실 가르치는 보람

도 이런 데서 나옵니다.

또 공자가 안연을 아꼈던 까닭은 그가 배우기를 좋아한다는 점입니다. 배우기를 좋아해야 진보가 가능합니다. 공자가 노나라에 있을 때 노나라 제후가 공자에게 제자 가운데 누가 가장 배우기를 좋아하냐고 묻자 공자는 서슴지 않고 "안회(안연의 이름)라는 학생이 있었는데 화가 나도 그 자리에서 끝내고 다른 곳으로 옮기지 않으며, 같은 실수를 두 번 저지르지 않았는데 불행히도 일찍 죽었습니다. 지금은 그가 없으니 누가 배우기를 좋아하는지 듣지 못했습니다(「옹야」)"라고 대답할 정도였습니다.

이런 안회가 진보한 이유는 그가 배우기를 좋아한 탓도 있지만, 스승인 공자를 무척 존경하고 따랐기 때문입니다. 그는 스승인 공자에 대해서 "선생님의 가르침은 우러러 볼수록 더욱 높으며, 뚫으려고 하면 더욱 단단하고, 바라보면 앞에 있더니 홀연 뒤에 있구나! 그만두려고 해도 그만둘 수 없고, 나의 재능을 다하여 쫓아가면 새로운 목표를 우뚝 세워 놓으시니, 비록 따르고자 하나 그 방법이 없구나!(「자한」)"라고 말한 적이 있습니다.

안회의 이 말은 스승의 가르침에 대해 깊은 존경을 나타냅니다. 학생은 스승을 믿고 따라야 제대로 배울 수 있습니다. 스승이 실력이 없다고 하찮게 여긴다면 설령 그 스승에게 높은 학식이 있다 하더라도, 그 학생은 더 이상 그 스승에게 배울 점을 발견하지 못하게 됩니다. 대다수 사람들의 경우 자기가 하찮게 여기는 사람으로부터 배우려는 마음이 생기지 않기 때문입니다. 스승을 믿고 따라야 한다는 말은 일차적으로 학생 자신을 위한 것입니다.

공자가 말했다. "젊은 후배들이 두려운 것이니 어떻게 그들의 장래가 오늘날 나만 못할 줄 알겠는가? 그러나 사십이나 오십이 되어서도 뚜렷이 세상에 내놓을 게 없다면 이 또한 두렵지 않다."

자왈 후생   가외   언지래자지불여금야   사십오십이무문언
子曰 後生이 可畏니 焉知來者之不如今也야리오 四十五十而無聞焉이면
사역부족외야이
斯亦不足畏也已니라 (『자한』)

畏: 두렵다 | 焉: 어떻게, 어조사 | 來: 오다 | 今: 이제 | 聞: 들리다

초등학생이나 중학생 때는 한 학년 간 수준 차이가 크게 나타납니다. 그래서 1년 정도 선행학습을 하면 다른 친구들보다 당장 많이 알게 됩니다. 한 학년의 차이가 이 정도라면 5년이나 10년 아래 후배들을 보면 실력이 별거 아닌 걸로 보일 것입니다.

이처럼 우리는 종종 자기보다 어린 동생들을 볼 때 귀엽게 여기거나 그들의 실력이 별거 아니라고 백안시하기도 합니다. 그러나 사람의 나이가 사십대, 오십대가 되면 이런 5년 10년 차이는 별거 아닐 때가 많습니다. 특히 사십이 넘어 크게 노력하지 않고 현 상태에 만족하게 되면, 힘 있고 노력하는 젊은 후배들이 자기를 금방 앞지르게 됩니다. 그래서 공자는 "젊은 후배들이 두렵다"라고 말했습니다.

운동에 비유하자면, 나이든 선수는 항상 젊은 선수에게 밀려 그 자리를 빼앗기기 쉽습니다. 나이 든 현역 선수들은 젊은 선수들이 두렵지요. 그러나 두려워하고만 있는 것이 아니라 계속 노력한다면 훌륭한 선수를 키워내는 지도자가 될 수도 있습니다. 공자의 속마음도 젊은 후배를 계속 두려워할 것이 아니라 계속 노력하면 두려워할 일이 아니라는 겁니다. 세월이 가면서 노력이 쌓이다 보면 누구나 이룰 수 있는 일이 있기 때문입니다. 그런데도 나이가 들어서도 내놓을 게 없는 후배라면 두려워할 필요가 없다고 했습니다.

오늘날 기준으로 본다면 칠순이 되어서도 작은 일이라도 이룬 것이 없는 사람들, 마지못해 자식이라도 제대로 키우지 못한 사람들을 두고 생각해 보면 쉽게 이해가 됩니다. 굳이 공자의 이 말이 아니더라도 세상인심은 이런 분들에 대해서 자기 자식이나 친척 외에는 두려움은커녕 누구도 존경하지 않고 거들떠보지도 않습니다. 혹 돈이라도 많이 모았다면 그것이 탐나는 약삭빠른 사람이 그를 두려워할지 모르겠습니다.

그러니 끊임없이 진보해 나가는 앎이 우리 인생을 통하여 얼마나 중요한지 알아야 합니다. 젊은 사람들에게는 비록 그것이 피부에 와 닿지 않겠지만, 앞날을 위해서 항상 노력해야 합니다.

1등 하는 비법

성적에 관심을 갖는 사람들이 많기 때문에 성적 올리는 이야기를 해 보겠습니다. 학급이든 학교든 시험에서 상위권에 오르려면 현재의 자기 실력에서 진보해야 합니다. 먼저 진보를 확실하게 확인하는 방법이 있는데, 하루에 한 가지씩 꼭 알고 넘어가는 방법이 그것입니다. 1년이면 365가지니까 중학교 고등학교 총 6년 동안 공부했다면 2,190가지를 알게 됩니다. 결코 적은 양이 아닙니다.

만약 성인의 경우라면 하루에 한 가지씩 삶의 지혜를 깨닫거나 깨달은 것을 실천하는 일에 힘쓴다면 머지않아 그의 인생이 확 바뀔 것입니다. 이렇게 하루하루를 헛되이 보내지 않으면 크게 진보하게 됩니다.

더 나아가 학급이나 전교에서 1등을 하는 방법도 있습니다. 좀 힘들기는 하지만 전혀 불가능한 것도 아닙니다. 그것이 무엇이냐 하면 일단 학교에서 배우는 교과와 관련해서 이해되지 않는 부분이 있다면, 밥도 먹지 말고 잠도 자지 말고 이해될 때까지 물고 늘어지는 겁니다. 전교에서 제일 똑똑한 학생을 찾아가 묻든 아니면 담당 선생님을 찾아가 붙들고 늘어지든, 여하튼 그런 자세로 하면 못할 것도 없습니다. 앎의 기쁨도 덩달아 커집니다. 만약 이 두 가지를 겸해서 한다면 더 큰 진보가 있겠지요?

비록 10대 때의 성적이 인생의 전부는 아니지만, 그래도 삶에 어느 정도 영향을 미치기 때문에 이렇게 진보를 매일 확인하면서 공부하는 방법도 있다는 것을 말해 보았습니다. 물론 어렵겠지요. 그러나 쉽고 편안한 길은 누구나 갈 수 있기 때문에 성공하기 어렵다는 점을 꼭 명심하십시오.

후생가외(後生可畏)

젊은 후배가 두렵다 또는 뒤에 난 사람은 두려워할 만하다는 뜻으로, 후배의 나이가 비록 젊으나 학문을 계속 쌓고 덕을 닦으면 그 진보는 선배를 능가하는 경지에 이를 것이라는 말. 「자한」편에서 유래.

창의력 키우는 법

창의력이 뜬다

요즘은 창의력이 뛰어난 사람이 성공하는 시대입니다. 창의력이란 새로운 것을 만들어 내거나 문제를 새롭게 해결하는 능력을 말합니다. 여러분들도 잘 아는 애플사의 스티브 잡스, 영화감독 스티븐 스필버그, 그리고 해리포터 시리즈의 작가 조앤 롤링 등이 모두 여기에 해당하는 사람들입니다.

사실 우리나라에 과학이나 문학 분야 노벨상 수상자가 한 명도 없는 것도 이런 창의성 교육과 관계가 있습니다. 많은 학부모들의 관심은 온통 대학입시에만 쏠려 있으니까요. 그래서 최근에야 국가의 교육정책도 창의성 교육을 중요하게 여겨 영재교실이다 뭐다 해서 집중적으로 투자하고 있습니다. 그뿐만이 아닙니다. 기업에서 신입사원을 뽑기 위해 시험이나 면접을 볼 때 꼭 창의성과 관련된 과제를 내기도 하고, 또 창의성 향상을 위해 사원들에게 많은 투자를 하고 있습니다.

 옛것을 익혀야 새것이 나온다

공자가 말했다. "옛것을 익혀 새것을 알면 남의 스승이 될 수 있다."

자왈 온고이지신 가이위사의
子曰 溫故而知新이면 可以爲師矣니라 「위정」

溫: 익히다 | 故: 옛것 | 新: 새 것 | 可: 가능하다 | 爲: 되다 | 師: 스승

먼 옛날 공자가 살았던 시대에는 오늘날처럼 특별히 창의력을 키우기 위해 공부를 한 것 같지는 않습니다. 학생들이 공부했던 기초 과목에는 예법·음악·활쏘기·수레몰기·글씨쓰기·셈하기 곧 예(禮)·악(樂)·사(射)·어(御)·서(書)·수(數)라는 육예가 있었습니다.

이런 교과를 자세히 들여다보면 이미 정해져 있는 내용을 잘 모방하여 숙달하도록 하는 것이 교육의 방법입니다. 그 어느 것 하나 학생의 창의성을 존중한다고 처음부터 학생 마음대로 하는 것은 하나도 없고, 정해진 방식대로 숙달하는 위주입니다. 그러니 창의성하고는 거리가 멀다고 하겠습니다.

그런데 자세히 살펴보십시오. '옛것을 익혀 새로운 것을 안다'라는 말 속에 창의성에 대한 답이 있습니다. 옛날부터 내려오는 방식, 곧 기초를 철저히 익힌 다음에 새로운 방법을 아는 방법입니다. 그런 사람은 남의 스승이 될 수 있습니다.

예를 들어 보겠습니다. 야구를 좋아한다고 해서 무조건 방망이를 제 맘대로 휘두른다고 공을 잘 받아칠 수는 없습니다. 코치나 감독의 지시에 따라 지루하게 같은 동작을 수없이 반복한 다음에야 받아치는 확률을 높일 수 있습니다. 이렇게 열심히 방망이로 공을 치는 기본적인 방법, 곧 이전부터 사용하던 타법을 익힌 뒤에야 그 사람에게 맞는 새로운 타법을 개발해서 성공할 수 있는 것입니다. 이런 사람이야말로 야구팀의 코치나 감독이 될 수 있습니다.

그러니까 이전부터 내려오는 기술이나 방법을 먼저 익혀야 새로운 것을 알게 된다고 봅니다. 이순신이 만든 거북선의 경우는 거북이의 생태 및 배와 전투의 원리를 알아야 가능했고, 비행기는 동력장치와 새가 비상하는 원리를 알아야 하고, 자동차는 수레와 동력장치의 원리를 알아야, 휴대전화는 전파와 전화와 컴퓨터 등의 원리를 알아야 만들 수 있었습니다. 그러니까 옛것을 익힌 것을 바탕으로 새 것이 나온 과정을 겪었다고 할 수 있습니다.

공자가 말했다. "옛것을 설명하여 전하기만 할 뿐 창작하지 않았으며,

믿고 옛것을 좋아함을 가만히 우리 노팽에게 비유하노라."

子曰 述而不作하며 信而好古를 竊比於我老彭하노라 「술이」

述: 설명하다 | 作: 만들다 | 信: 믿다 | 好: 좋아하다 | 古: 옛 | 竊: 몰래 | 比: 견주다

노팽(老彭)은 은(殷)나라의 현자로 알려진 귀족인데, 본문에서 공자가 친근하게 존중하는 모습을 나타내고 있습니다. 공자는 말년에 학생들을 가르치며 이전 세대부터 내려오던 문헌인 시(詩)와 서(書)를 편집하고, 예(禮)와 악(樂)을 정리하고, 주역(周易)을 보충하고 춘추(春秋)를 손질했습니다. 이것들은 모두 선대의 문헌을 정리해 전하는 것이지, 새롭게 창작한 것은 아닙니다. 공자의 말은 바로 이러한 점을 말한 것입니다.

공자의 이 말 때문에 과거 동아시아 지식인들에게는 서술하여 전하기만 하고 창작하지 않는다는 '술이부작(述而不作)'의 정신이 하나의 전통이 되었습니다. 여기서 말하는 창작이란 개인적인 문학작품이나 예술 활동이 아니라, 국가의 제도로서 문물이나 그것을 뒷받침하는 사상이나 예법 등이 그 대상입니다.

그래서 겉으로 보면 후대 역사에서 공자가 정리한 고대의 문헌과 공자의 가르침을 벗어난 창작은 권장되지 않았고, 후세 학자들의 몫이란 공자가

편찬한 문헌에 대해서 겨우 주석이나 해석을 가하는 정도에서 그친다고 평가할 수도 있습니다.

그러나 사실은 그렇지 않았습니다. 비록 옛날 문헌이기는 하지만 그것에 대해 해석하고 주석을 다는 것 그 자체가 창의성을 발휘하는 계기가 되었습니다. 특히 송나라 때 성리학을 완성한 주희(朱熹, 1130~1200)나 명나라 때 양명학(陽明學)을 완성한 왕수인(王守仁, 1472~1528), 조선의 정약용(丁若鏞, 1762~1836) 등은 똑같은 고대의 문헌을 가지고도 서로 다른 독특한 철학적 체계를 이루었습니다.

그러니까 옛 동아시아 지성계를 한마디로 말한다면, 자신의 문화전통을 존중해서 그것을 바탕으로 새로운 학문이나 사상을 창작했다고 할 수 있습니다. 풀이하여 전하되 창작하지 않는다는 말이 창작을 가로막는 것이 아니라, 풀이하여 전하는 과정 그 자체에 이미 창작의 원리가 담길 수밖에 없는 것입니다. 왜냐하면 어떤 문헌이 성립했던 당시에는 우리가 살지 않았으므로 그 사정을 정확히 알 수 없어서, 어쩔 수 없이 풀이하거나 해석하는 후대 학자의 생각이 들어갈 수밖에 없기 때문입니다. 그러므로 동서고금을 막론하고 모든 문헌은 해석자의 몫입니다. 그래서 "위대한 사상은 창조적 오해에서 비롯한다"는 말이 생겼습니다.

그러니까 새로운 것을 만드는 것만 창작이라고 생각해서는 안 됩니다. 이미 있는 역사나 고전을 새롭게 해석한다면 그 또한 대단한 일입니다. 대학자들도 대개 이런 분들입니다. 꼭 새로운 발명품을 만들 때만 창의성을 발휘하는 게 아닙니다. 이미 있는 것 가운데 새롭게 기능을 향상시켜 더 편리하게 만드는 것도 창의성 발휘입니다. 또 우리 주변에서 불편하거나 불합리한 것을 찾아 개선하는 일도 창의성 발휘입니다.

기초를 튼튼히 해야

어떤 초등학생이 공부하기는 싫고 그림에 소질이 있어서 만화가를 꿈꾸어 왔습니다. 그래서 열심히 그림 연습을 하고 고등학교를 졸업한 뒤 유명한 만화가를 찾아가 제자가 되었습니다. 그런데 정작 문하생이 되었을 때 다른 제자들로부터 웃음거리가 되고 말았습니다. 왜 그랬을까요?

만화가는 그림만 잘 그리면 되는 줄 알고 열심히 그림만 그렸는데, 정작 만화의 스토리 곧 이야기의 내용인 콘텐츠를 만들 수 없었기 때문입니다. 이야기의 내용은 평소 학교 다닐 때 공부한 내용이나 책을 읽거나 듣거나 본 내용을 머릿속에 기억해 두었다가 훗날 그것을 활용해 만들어 내야 하는 것입니다. 따라서 기초공부가 중요한 것입니다.

창의성을 위해 기초공부가 중요한 이유를 이제 알겠지요? 모든 영역의 창의성이 다 그렇습니다. 창의성이 있는 사람은 어디서나 무엇이든 끌어다 쓰기 때문에, 폭넓은 경험이 중요한 것입니다. 그리고 폭넓은 경험의 보물창고가 바로 고전이겠지요. 왜 우리가 고전을 읽어야 하는지 그 이유를 짐작했으리라 믿습니다.

온고지신(溫故知新)

옛것을 익혀 새것을 안다는 뜻으로 「위정」편에서 유래.

술이부작(述而不作)

옛것을 서술하여 전할 뿐 창작하지 않는다는 뜻으로 「술이」편의 이 말에서 유래.

제대로 아는 것이 최고다

너 자신을 알라

'너 자신을 알라'는 이 유명한 말은 소크라테스가 한 말로 알려졌지만, 사실은 델포이의 아폴로 신전 현판에 새겨진 격언이라 합니다. 원래는 '인간아 깨달아라! 너는 죽어서 없어질 존재임을' 또는 '신과 대면하여 그를 알아볼 수 있는 능력을 회복하라!'라는 뜻이었다고 하는데, 보통 '너의 무지를 자각하라'는 뜻으로 소크라테스가 인용하여 쓴 말로 전해지고 있습니다.

어쨌든 대부분의 사람들은 자신이 알고 있는 것이 전부라는 착각에 빠지기 쉽습니다. 심지어 나이가 어린 학생들 가운데도 종종 자기가 모든 것을 알고 있다고 착각해 더 이상 배움에 관심을 보이지 않기도 합니다. 일단 이런 자만에 빠지게 되면 앎에 대한 호기심도 발전도 없게 됩니다. 공자 또한 이러한 점을 경계했습니다.

 아는 것은 안다고 하고 모르는 것을 모른다고 하라

공자가 말했다. "유야, 너에게 안다는 것을 가르쳐 주마. 아는 것을 안다고 하고 모르는 것을 모른다고 하는 것이 참으로 아는 것이다."

子曰 由아 誨女知之乎인저 知之爲知之요 不知爲不知가 是知也니라.
(「위정」)

誨: 가르치다 | 女: 너, 여자 | 乎: 어조사

유(由)는 공자의 제자인 자로(子路, 기원전543~480)의 이름입니다. 자로는 성격이 우직하고 용감하여 호언장담을 잘하기 때문에 공자가 이렇게 말한 모양입니다. 모르는 것을 아는 체 하려는 행동을 경계하여, 앎에 대한 바른 태도를 알려주는 말입니다.

이렇게 하면 일단 자기 자신을 속이지 않습니다. 모르는데 아는 척 하는 것은 적어도 마음속으로는 자기가 모른다는 사실을 알면서도 겉으로 남에게 아는 척하기 때문에 자기를 속이는 행위가 됩니다. 이런 사람이 부끄러움을 모른다면 그 사람에겐 희망이 없습니다. 양심이 마비되기 때문에 나중에 못할 짓이 없게 됩니다. 이런 사람은 가족과 사회에 불행한 일이지만, 자기 자신도 불행해질 수밖에 없습니다.

놀라운 사실은 공자가 말한 이런 태도는 사물을 제대로 아는 데 도움이 됩니다. 아는 것과 모르는 것을 정확히 구분하는 것은 앎에 대한 지적 정직성의 강조로서, 오늘날도 여전히 학문하는 사람들의 태도와 관계됩니다. 실제로 제대로 학문을 하다 보면 많이 알수록 아는 것보다 모르는 것이 더 많다는 것을 깨닫게 됩니다.

앎에 대한 진보는 여기서 비로소 출발합니다. 자신이 아는 것과 모르는 것을 구분했을 때 모호했던 상황이 정리되면서 앎에 대한 기준이 바로 서기 때문입니다. 그래서 새로운 앎에 대한 도전과 열정이 생기게 됩니다.

그러나 아는 것과 모르는 것을 구분하는 것도 쉬운 일이 아닙니다.

참된 앎을 잃지 않으려면 실천하라

공자가 말했다. "앎(지혜)이 미치더라도 사랑으로 지킬 수 없다면, 비록 얻었을지라도 반드시 잃을 것이다."

자왈 지급지   인불능수지   수득지   필실지
子曰 知及之라도 仁不能守之면 雖得之나 必失之니라 (「위령공」)

及: 미치다 | 仁: 사랑, 인간답다 | 能: ~할 수 있다 | 守: 지키다 | 雖: 비록 | 得: 얻다
失: 잃다

이 말은 어떤 사물에 대한 도덕적인 원리나 지혜를 알았더라도 그것을 꾸준히 실천하지 않으면 잃게 된다는 뜻입니다.

사람이 배울 때 앎이 진보하면 차츰 무엇이 옳고 그른지 도덕적인 원리를 알게 됩니다. 그러나 인간에게는 사적인 욕심이 없을 수 없으므로, 만약 이 도덕적 원리를 확고하게 지키지 않으면, 비록 한때 알았을지라도 없는 것과 같게 됩니다. 한때 도덕적으로 훌륭해서 존경 받았던 분들이 훗날 추악한 인물로 변하는 것을 보면 이를 쉽게 확인할 수 있습니다. 우리나라 현실로 보아 정치가나 문인, 언론인과 학자, 심지어 종교인들 가운데도 그런 사람들이 종종 있습니다.

여기서 이후 유가 학파에서 논쟁이 되는 중요한 관점이 나옵니다. 곧 아는 것과 실천하는 것의 관계입니다. 곧 알고 나서 실천해야 하는지, 아는 것과 실천하는 것이 같은지, 실천하고 나면 알게 되는 것인지에 관한 논쟁입니다. 이 말이 무슨 말인지 아리송할 겁니다. 쉽게 설명해 보지요.

자, 효도를 예로 들어봅시다. 먼저 효도는 이러이러한 것이라고 말로 가르쳐 주고 나서 효도를 하는 방법이 있습니다. 여행을 떠날 때 여행지의 사정을 미리 안내책자로 알아보고 떠나는 것과 같습니다.

다음으로 효도를 하는 것과 아는 것은 동시에 일어나는 문제라고 봅니다. 말로 미리 가르쳐 주는 것이 제대로 아는 것이 아니라, 실제로 하면서 알게 된다고 보는 관점입니다. 가령 열대지방 사람에게 겨울을 말로 설명하는 것보다 추운 지방에 와서 직접 경험해서 느끼게 하는 것입니다.

마지막으로 실천하고 나서 아는 것이란, 먼저 부모에게 효도를 해 보고 난 다음에 제대로 알 게 된다는 뜻입니다. 마치 술이 몸에 나쁘다는 것은 많이 마셔 보고 다음날 숙취로 고생해 보아야 제대로 알게 된다는 논리와 같은 것이지요.

사실 이 세 가지 논리는 전부 일리가 있는 주장입니다. 그런데 왜 이런 논리를 주장하게 되었을까요? 그것은 아는 것과 행동하는 것에 틈이 생겼기 때문이기도 하지만, 공부의 효과를 위해서 어떻게 가르치는 것이 더 나을지 고민하면서 나온 문제입니다. 오늘날도 이에 대해서 고민하고 있습니다.

그러나 어떤 경우든 동아시아 전통은 공통적으로 아는 것과 실천하는 것 어느 것이 먼저든 상관없이 앎보다 실천을 중요시했습니다. 물론 이는 『논어』의 입장이기도 합니다. 그러니 어떤 경우든 실천을 해야 되는 문제입니다.

정말로 1등을 하고 싶은가?

오로지 공부에서 1등을 하는 것만이 다 좋은 것은 아닙니다. 꼴찌를 하더라도 나름대로 꼴찌의 즐거움도 있습니다. 거만한 1등보다 겸손한 꼴찌가 더 좋을 수도 있습니다. 그러나 공부도 잘하면서 겸손하면 금상첨화가 아닐까요? 이렇게 말하는 것은 앎보다 역시 실천을 중요하게 여기는 태도입니다.

이렇게 실천이 중요하다는 것을 알면서도 대다수 학부모들은 앎의 문제를 더 중요하게 여깁니다. 대학입시 때문입니다. 심지어 학생이 봉사활동을 하겠다고 하면 은근히 말리는 부모들도 있습니다. 그보다 공부가 우선이며 선행은 나중에 해도 된다는 논리를 내세웁니다.

그런 학부모나 학생을 위해서 굳이 1등을 하고 싶다면 그 비법을 알려주겠습니다. 우선 새 공책을 준비해서 배운 내용 가운데 모르는 내용을 왼쪽에 적고, 이미 알고 있는 내용이나 공부해서 알게 된 내용을 오른쪽 페이지로 옮겨 적습니다. 적어도 6년 동안 이러한 작업을 계속하면 여러분의 실력은 놀라울 정도로 발전할 것입니다. 쉽게 말해 자기가 아는 것과 모르는 것을 분류해서 목록을 작성해 보는 것인데, 거짓 없이 아는 것을 아는 쪽에 모르는 것을 모르는 쪽에 적어서 구별해야 한다는 것입니다. 누구에게 보이기 위한 것이 아니라 자신의 실력을 높이기 위한 것이니까요.

관련된 한자성어

선지후행(先知後行)

먼저 알고 나서 실천하거나 앎이 먼저이고 실천이 나중이라는 논리.

선행후지(先行後知)

먼저 실천하고 나서 나중에 알거나 실천이 먼저이고 앎이 나중이라는 논리.

지행합일(知行合一)

앎과 실천이 하나라는 논리.

대한민국의 청소년 여러분에게

청소년 여러분, 안녕하십니까?

공자입니다. 여러분은 안녕하지 않겠지요? 초등학교 때부터 아니 유치원 때부터 공부만 하라고 시달려 왔으니 안녕할 리 없겠지요. 대한민국 대다수의 청소년들은 새벽 일찍 일어나 학교에 가서 종일 공부하다, 그것도 모자라 학교가 끝나면 학원에 가서 파김치가 되도록 공부하면서 개미 쳇바퀴 돌듯 살아왔으니, 신나는 일도 없고 그날이 그날이라 그저 무기력할 것입니다. 물론 공부가 재미있고 신기해서 즐거움을 느끼는 학생들도 있겠지요.

어쨌든 실망스럽겠지만 이런 무기력한 학생들에게는 내가 해 줄 수 있는 이야기가 거의 없을 것 같아요. 나는 앞에서 배움의 목표를 세우고 기초부터 하나씩 열의를 가지고 배움을 좋아하고 즐기면서 실천해야 한다고 말했지만, 그런 사람들에게는 이런 말이 무슨 소용이 있겠어요? 피곤하고 지치면 아무리 좋은 말도 귀에 들어오지 않는 법이니까요.

그런 학생들은 잠시 공부를 내려놓고 자기 자신을 되돌아보는 시간을 가져야 해요. 학교 공부나 친구 그리고 휴대전화 등 모든 것을 다 잊고 내가 무엇을 위해 왜 살아야 하는지 생각해 봐야 해요. 답이 나오면 좋겠지만, 답이 나오지 않더라도 이 질문을 확실하게 갖고 산다면 일단은 좋은 일이 돼요. 그 문제의 해답이 안 풀릴수록 여러분은 더 진지하게 몰입할 가능성이 있어요. 늦게라도 문제가 풀리면 먼저 풀린 사람보다 더 잘할 수 있어요. 고민한 것만큼 절실하게 잊지 못하는 법이니까요.

이 문제가 풀리면 앞에서 말한 두 가지 배움을 이해하게 될 거예요. 하나는 밥벌이를 위한 배움이고, 또 하나는 자기완성을 위한 배움이에요.

먼저 밥벌이를 위한 배움을 보지요. 지금까지 여러분들이 배운 걸 가지고 당장 사회에 나간다면 먹고살 수 있을까요? 아르바이트라도 할 수 있다면 고작 용돈 몇 푼 정도 벌 수 있겠지요. 그러니 이렇게 스스로 벌어서 밥을 먹고사는 것은 결코 쉬운 일이 아니기에 소중하며 기쁜 일이에요.

나는 아버지를 일찍 여의고 어릴 때부터 밥벌이를 위해 배웠는데, 스스로 밥을 먹고살 게 되었을 때 얼마나 기뻤는지 몰라요. 이런 밥벌이를 위한 배움이야말로 참으로 나를 기쁘게 해주었지요. 여러분들 가운데는 밥벌이를 대수롭지 않게 생각하는 친구들이 많기 때문에 지금 하고 있는 공부가 재미없는 겁니다.

그런데 인간이란 밥만 먹고 산다고, 돈만 많다고 행복한 것은 아니에요. 만약 그렇다면 부자가 행복해야 하는데 행복한 부자를 별로 본 적이 없거든요. 진정한 행복은 다른 곳에 있어요. 물론 돼지처럼 배불리 먹는 것만으로도 행복하다는 사람도 있겠지만, 그것은 돼지와 인간이 차별 없는 행복이겠죠. 바로 자기완성을 이루어내야 행복해지는 거예요.

그렇다면 자기완성이란 무엇이며, 그것은 어떻게 배워야 가능할까요? 답은 뒤로 미루겠어요. 문제는 세상 사람들이 나 공자를 성인이나 위대한 스승으로 여기는 것은 바로 이 물음에 답을 했기 때문이에요. 뒤에서 나의 가르침을 끝까지 읽어간다면 그것을 찾을 수 있을 거예요. 성공하기 바랍니다.

제 2 부

인간 되기

중국 후한을 세웠던 광무제 때의 일입니다. 광무제에게는 시집을 가자마자 과부가 된 호양공주라는 누이가 있었습니다. 이를 안타깝게 여기던 광무제는 누이에게 재혼할 뜻이 있는지 은근히 물어보았습니다.

"아직도 젊은 네 나이가 아깝고, 이제는 황제의 동생이니 어느 사내인들 너를 마다하겠느냐? 어디 맘에 드는 사람이 있으면 말해 보려무나."

그러자 호양공주는 얼굴을 붉히며 송홍이면 좋겠다고 대답했습니다. 그러자 광무제는 깜짝 놀라며 "많고 많은 사람 가운데 왜 하필 송홍이냐?"라고 의아해 했습니다. 송홍은 아내가 있을 뿐 아니라 당시 조정 내의 감찰을 맡아보면서 강직하고 바른 말 하기로 소문난 사람이었기 때문입니다. 송홍은 평소에 덕이 있고 부드러운 성품이면서도 당당한 외모에 걸맞게 입바른 소리도 잘하는 사람이었습니다. 광무제는 어쩔 수 없이 누이의 생각을 존중해 송홍을 불렀습니다. 병풍 뒤에 공주를 숨겨 놓고 조심스럽게 말했습니다.

"사람은 지위가 높아지면 친구를 바꾸고 집이 부유해지면 아내를 바꾼다는 속담이 있는데, 경의 생각은 어떠하오?"

그러자 송공은 조금도 망설이지 않고 말했습니다.

"폐하, 가난하고 신분이 낮을 때의 친구를 잊어서는 안 되고, 가난해서 힘들 때 고생을 함께한 아내는 버리지 말아야 한다고 배웠습니다. 그것이 사람의 도리라고 생각되옵니다."

이 말을 들은 광무제는 더 이상 할 말을 잊었고, 호양공주는 병풍 뒤에서 눈물을 흘렸다고 합니다. 광무제가 누이의 뜻을 직설적으로 말하지 않고 에둘러 표현한 것은 평소 송홍의 사람됨을 배려했기 때문입니다. 송홍이 그 말의 의도를 알아차렸는지 알 수는 없지만 단호하게 말한 것은 그가 평소 가졌던 소신이나 원칙대로 답한 것이라 할 수 있습니다. 평소 원칙에 충실한 송홍이 광무제의 혼인 제안을 받아들이지 않을 것은 분명한 일입니다.

여기서 가난했을 때의 친구를 잊지 않고 함께 고생했던 아내를 버리지 않는 것은 인간다운 행동이라 하겠습니다. 불행히도 역사에서나 주변에서 출세에 눈이 멀어 이와 반대로 하는 사람들이 종종 있습니다. 그 버림받은 친구나 아내의 입장에서 보면, 인간답지 못한 처사임은 분명해 보입니다.

이처럼 우리는 살아가면서 때로는 인간답지 못한 일을 보거나 또 당하기도 합니다. 그렇다면 도대체 어떻게 하는 일이 인간다울까요? 또 기준이 무엇일까요? 참된 인간이 되려면 『논어』에서 말하는 것을 한 번쯤 귀담아 들을 필요가 있습니다.

당신에게 인간다움이 있는가

인간적으로

우리나라 사람들은 협상이나 흥정을 하다가 종종 일이 잘 풀리지 않으면 상대방에게 인간적으로 봐 달라거나 해결하자고 제의합니다. 또 일을 잘못 저질러 놓고도 인간적으로 도저히 참을 수 없었다고 말하기도 하고, 심지어 흉악한 어떤 범죄자를 두고도 인간적으로 동정의 여지가 없다는 등의 표현을 쓰기도 합니다. 또 누군가 여러분에게 당신은 정말로 비인간적이라고 말한다면 몹시 불쾌할 것입니다.

이처럼 '인간적'이라는 말은 우리 생활에서 매우 자주 사용되고 있는데, 대체로 '인간답다'는 뜻으로 사용되고 있습니다. 그렇다면 어떤 태도가 인간다운 것일까요? 이 질문은 공자가 살았을 당시에도 많이 했던 것 같습니다. 그것과 관련된 말이 『논어』에 수없이 등장하는 것을 보면 알 수 있습니다.

 인간되기는 마음먹기 나름

공자가 말했다. "인이 멀리 있느냐? 내가 인을 실천하고자 하면 이에 인이 이르느니라."

子曰 仁遠乎哉아 我欲仁이면 斯仁이 至矣니라 (『술이』)

仁: 어질다 | 遠: 멀다 | 欲: ~하려고 하다 | 斯: 이, 이에 | 至: 이르다

공자의 핵심사상은 인(仁)입니다. 『논어』에는 인이란 말이 106번이나 등장합니다. 그런데 인이 무엇인지 딱 잘라서 말한 곳은 없습니다. 인을 묻는 제자의 태도나 처지에 따라 공자가 다르게 대답했기 때문입니다. 인은 우리말로 '어질다'라고 풀이하는데, 그 말도 요즘 언어 감각으로 볼 때 이해하기 쉽지 않습니다. 간단히 말해 인은 '착하다', '인간답다', '사람답다' 또는 '평화를 위한 원리', '사랑'이라고 말할 수 있습니다. 필자는 그것을 이번 장에서 '인간다움' 또는 '사람다움'이라고 표현하고, 문맥에 따라 적절히 옮기

겠습니다.

인이라는 인간다움은 마음의 덕성이므로 내 마음 밖에 있는 것이 아닙니다. 사람들이 그 마음을 놓아버리고 찾지 않기 때문에 인간다움이 멀리 있다고 느낍니다. 그래서 맹자(기원전372~289)도 사람들은 자기가 기르던 소나 말이 집 밖으로 나가면 찾으면서도 자신의 착한 마음이 밖으로 나가면 찾지 않는다고 비꼽니다.

인간다움이 멀리 있지 않다는 예를 들어 보지요. 사람들은 영화나 드라마를 보면서 주인공이 나쁜 사람들에게 고통을 당하는 것을 보면 분개합니다. 그러다가 끝에 가서 나쁜 사람들이 망하거나 벌을 받는 것을 보면 속 시원하게 생각합니다. 대부분의 사람들이 이렇게 느낍니다. 바로 선한 사람이 잘되어야 하고 악한 사람이 벌을 받아야 한다는 것은 사람들의 마음에 인간다운 가능성을 갖고 있다는 증거입니다. 이런 마음을 키워나가야 인간다운 사람이 되는 것입니다. 그 마음이 멀리 있는 것이 아니지요.

공자가 말했다. "지사(志士)와 인간다운 사람은 자기가 살고자 사랑을
해치는 일이 없고 자기 몸을 죽여 사랑을 이룸은 있느니라."

자왈 지사인인   무구생이해인   유살신성인
子曰 志士仁人은 無求生以害仁이오 有殺身成仁이니라 (『위령공』)

志: 뜻 | 士: 선비 | 求: 구하다 | 害: 해치다 | 殺: 죽이다 | 身: 몸 | 成: 이루다

2001년 일본에서 유학 생활을 하던 한국인 대학생 이수현 씨는 도쿄 신
오쿠보 전철역에서 취객을 구하기 위해 선로에 뛰어들었다가 취객을 구하
고 안타깝게 목숨을 잃었습니다. 당시 언론에서 이 의로운 행동을 살신성
인(殺身成仁)의 용기라고 칭찬하였습니다. '살신성인'이라는 말이 바로 『논
어』의 이 구절에서 유래했습니다. 그 뜻은 무엇일까요?

여기서 뜻 있는 선비로 풀이 되는 지사(志士)는 나라나 민족 등 남을 위하
여 제 몸을 바쳐 일하는 뜻을 가진 분들로, 우리 현대 역사에서 안중근·윤
봉길·이봉창·이회영 같은 분을 말합니다.

이치상 마땅히 죽어야 할 처지인데도 구차히 살고자 한다면 인간다운 덕
을 해칠 수 있으나, 마땅히 죽어야 할 때 기꺼이 죽는다면 마음 또한 편안하
고 마음의 인간다운 덕을 이룰 수 있습니다. 그것이 진정한 살신성인의 뜻
입니다.

그렇다면 이치상 마땅히 죽어야 할 처지에 있는 사람들은 누구일까요? 안중근·윤봉길·이봉창 의사가 거사를 치르고 일본 헌병에게 체포되었을 때와 같은 경우가 아닐까요? 이들이 거사 현장에서 도망칠 생각도 없었지만, 붙잡혔을 때도 당당했습니다. 만약 살아남기 위해 누가 시켰다고 핑계 대거나 비굴하게 행동했다면 인간다운 행동이 아니었겠죠? 이분들에게는 구차하게 살아남는 일이 나라를 되찾겠다는 의리보다 소중하지 않았고, 그렇게 해서라도 굳이 살아남는 것이 죽는 것보다 편안하지 않았던 것입니다.

　이들이 살신성인을 했다는 근거는 자신들의 목숨을 바친 거사의 대상이 우리 민족을 침략하는 데 힘을 행사한 일왕이나 대신 또는 군부지휘관이고, 그 목적이 식민지 상태인 우리 민족이 독립하는 데 있습니다. 만약 그분들이 죄 없는 일반 시민들에게 폭력을 행사했다면 단순한 테러리스트에 지나지 않았을 것입니다. 그런데도 오늘날 일본인들은 물론이고 한국인 가운데도 이 위인들을 테러리스트로 표현하는 사람이 있어, 그들의 천박하고 한심한 역사관이 그저 안타까울 뿐입니다.

　또 이치상 마땅히 죽어야 할 사람은 망한 나라의 왕이나 귀족들입니다. 그들에게 나라를 망하게 한 책임이 있기 때문입니다. 그리고 전투에서 부하들을 몽땅 잃은 장군이나 지휘관의 경우도 마땅히 죽어야 할 처지입니다. 그러고서 구차히 살아남고자 한다면 인간다움을 해치는 일입니다.

　이렇게 보면 구한 말 나라를 잃은 책임을 통감하며 자신의 재산을 몽땅 팔아 독립운동에 투신한 이회영 같은 분이 있는가 하면, 제 한 목숨 지키기 위해 일본에 협조한 을사오적을 비롯한 대신들도 있었습니다. 또 나라가 망했는데도 살아남은 백제의 의자왕, 고구려의 보장왕, 조선의 고종황제

같은 분도 있습니다. 어떤 사람이 참으로 인간다운지 후세 역사는 말해주고 있습니다. 책임질 위치에 있으면서 그 책임을 회피한 일은 분명 인간답지 못합니다.

옳은 일을 위해 자기 몸을 희생하여 그 도리를 행하는 것이 살신성인인데, 나라가 망해가지 않은 오늘날 지도자들에게 거기까지 요구할 수는 없더라도 최소한의 책임은 질 줄 알아야 상식이 통하는 사회가 될 것입니다. 이렇게 본다면 이수현 씨는 한 사람의 목숨, 한 명의 일본인을 위해서 자기 목숨을 돌보지 않은 진정한 살신성인의 삶을 보여 주었습니다.

인간다움은 쉽게 찾을 수 있다

사람들은 공자가 말한 인간다움을 찾고 실천하기 어려울 것이라 생각합니다. 그렇다면 그것을 실천하는 것이 살신성인처럼 정말로 어려운 일일까요? 만약 누군가 자기 부모님을 욕한다면 여러분은 틀림없이 분노를 느낄 것입니다. 그리고 자기 성적만 믿고 반 친구들을 무시하고 자랑하는 친구가 있다면 재수 없는 놈이라고 여길 것입니다. 또 힘센 친구에게 잘 보이기 위해 알랑거리는 친구를 보면 마음속으로 그 친구의 똘마니라고 욕할 것입니다. 그리고 굶주려 뼈만 앙상하게 남은 아프리카의 어린이들을 보면 불쌍하다는 생각이 들 것입니다.

만약 이러한 생각이 들었다면 여러분의 마음속에는 이미 인간다운 덕성이 있다는 증거입니다. 여러분들이 그런 마음을 소중히 여기고 기르지 않기 때문에 인간다움이 멀리 있거나 없는 것처럼 보이는 것입니다.

살신성인(殺身成仁)

자기의 몸을 죽여 인을 이룬다는 뜻으로 옳은 일을 위해 자기를 희생시켜 그 도리를 실천하는 것. 「위령공」편에서 유래.

인간다움의 첫걸음, 효도

인간도 아니다

가끔 나이든 부모를 외진 곳에 버리거나 젊은 자식이 늙은 부모를 폭행
했다는 언론 보도를 접하면, 사람들은 하나같이 그런 사람들을 두고 '인간
도 아니다'는 반응을 보입니다. 이렇게 '인간도 아니다'는 말을 듣는 경우는
여러 가지가 있지만, 그 가운데 하나가 자식이 부모에게 못할 짓을 했을 때
이렇게 말합니다.

그렇다면 부모에게 이렇게 못할 짓만 안 한다면 인간인가 하는 문제를
생각해 볼 수 있습니다. 물론 사람이나 문화에 따라 다르겠지만, 『논어』에
보이는 공자의 태도는 그것만 가지고는 턱없이 부족함을 나타냅니다. 공자

는 자식이 정성껏 효도하는 것을 인간다움의 출발로 보고 있습니다.

 효도는 인간다움을 실천하는 첫걸음

"군자는 근본에 힘쓰나니 근본이 서야 도리가 생긴다.

효도와 우애는 인간다움을 실천하는 근본일 것이다."

군자　　무본　　　본립이도생　　　　효제야자　　기위인지본여
君子는 務本이니 本立而道生하나니 孝弟也者는 其爲仁之本與인저

「학이」

務: 힘쓰다 | 本: 근본 | 立: 서다 | 道: 길 | 孝: 효도 | 弟: 우애하다 | 爲: 하다, 되다

위의 말은 공자의 제자 유자(有子)가 한 말입니다. 유자는 공자와 같은 노나라 출신으로 이름이 약(若)이며 증자와 함께 『논어』에서 '큰 스승'이라 일컫는 자(子)라는 호칭을 얻게 됩니다. 뒷부분의 다른 해석으로는 "효도와 우애는 인간이 되는 근본이다"도 가능합니다.

다른 곳에 보면 공자는 "젊은이들이 집에 들어와서는 효도하라(「학이」)"고 했으며, 또 "오늘날의 효도는 부모를 잘 봉양하는 것으로만 생각하나, 개와 말도 다 먹이는 사람이 있으니 부모를 공경하지 않으면 무엇을 가지고 이것과 구별을 하겠는가?(「위정」)"라고 하여 효도로서 부모 공경을 강조합니다.

그런데 효도가 인간다움을 실천하는 첫걸음이라 아무리 강조해도, 맘에 내키지도 않는 효도를 꼭 해야 하는가 하는 문제가 생깁니다. 요즘 세상에는 부모님이 사랑으로 잘 키워주어도 커서 효도해야겠다고 다짐하는 사람이 많지 않습니다. 낳아주기만 하고 제대로 키우지 못한 경우에는 효도는 커녕 부모를 미워하지만 않아도 다행입니다.

이런 논리는 부모가 낳아주고 잘 키워주는 것은 기본이요, 많은 유산을 남겨주면 효도할지 모르지만, 그렇지 못하면 효도를 하지 않겠다는 생각과 통합니다. 내게 잘해주면 나도 잘하고 내게 못해주면 나도 잘할 필요가 없다는 겁니다. 이런 논리는 부모와 자식 간에 지나치게 계산적이라는 비판이 가능하지만, 많은 사람들이 아마 그렇게 여길 것입니다. 그리고 옛날에도 부모가 자상하게 자식을 사랑으로 키운 경우에 효자가 많은 것도 사실입니다. 비록 유산을 남겨주지 못해도 말입니다.

사실 오늘날 효도가 문제가 되는 경우는 대부분 자식이 결혼한 이후에 생깁니다. 왜냐하면 효도는 나 혼자만의 문제가 아니고 배우자의 이해를 얻어야 하는 문제이니까요. 내가 은혜도 사랑도 받은 적이 없는 배우자의 부모에게 무턱대고 효도하기란 받아들이기 어려운 문제입니다. 더구나 유산도 남겨주지 않는 배우자의 부모에게 효도한다는 것은 참으로 쉽지 않은 문제입니다.

그럼에도 불구하고 효도가 정말 인간다움을 실천하는 시작이 될 수 있을까요? 예를 들어 봅시다. 효도를 실천한 전형적인 인물로 고대 순임금을 들 수 있습니다. 그는 심지어 자기를 죽이려고 한 아버지와 못된 계모에게 효도를 다해 부모님을 감동시켰으며, 천하를 다스리는 천자의 자리를 물려받

앉고 훗날 성인으로 추앙받았습니다. 이러한 지극한 효도가 인간다움의 표준으로서 천자의 자리에 발탁되는 요인이 되었을 겁니다.

이와 달리 부모가 나를 사랑하고 지극하게 돌봐준 경우에는 누구나 쉽게 효도할 수 있습니다. 그래야 인간답다는 것입니다. 이런 부모에게조차 효도하지 못한다면 장차 누구를 인간답게 대하겠습니까?

부모에게 잘못이 있을 때의 효도

공자가 말했다. "부모를 모시되 (부모에게 잘못이 있어) 간언을 올릴 때는 온화하고 간곡하게 해야 하며, 간언을 들어 주지 않더라도 더욱 공경하고 부모의 뜻을 어기지 않아야 하며 힘들어도 원망하지 말아야 한다."

자왈 사부모   기간   견지불종   우경불위   노이불원
子曰 事父母하되 幾諫이니 見志不從이어도 又敬不違하며 勞而不怨이니라

『이인』

事: 섬기다 | 幾: 간곡하다 | 諫: 간하다 | 敬: 공경하다 | 違: 어기다 | 勞: 힘쓰다
怨: 원망하다

부모 역시 신이 아닌 이상 잘못을 저지를 수 있습니다. 자식이 어리다면 부모의 잘못을 알기 어렵고, 부모가 하는 일이 다 옳아 보이기도 합니다. 그러나 자식이 성숙하고 또 학력이 높아진다면 부모의 허물과 잘못을 금방 알

아차릴 수 있습니다. 그래서 부모가 되기는 쉽지만 부모 노릇은 결코 쉽지 않다고 합니다.

사실 유교는 자식에게만 무조건 효도를 강요한다고 오해를 받기도 했습니다. 그러나 지금 『논어』의 이 내용을 보면 이런 주장이 틀린 걸 알 수 있습니다. 『논어』의 가르침은 부모의 잘못을 모른 체 보고만 있으라고 말하지 않았고, 또 부모의 뜻을 무조건 따르는 것만 효도라고 여기지 않았습니다.

여기서 간언(諫言)이란 한 글자로 간(諫)이라고도 하는데 쉽게 말해 윗사람에게 옳지 못하거나 잘못한 일을 고치도록 올리는 말씀입니다. 부모도 늙고 생각이 흐려져 잘못을 저지를 수 있습니다. 이때 자식은 부모를 야단치거나 나무라듯이 해서는 안 되고 부드럽게 말씀을 올려야 합니다. 설령 부모가 들어주지 않더라도 더욱 공경하고 부모의 뜻을 어기지 말아서 그 간언이 받아들여지도록 노력해야 합니다. 그래도 받아주지 않는다고 포기해서는 안 됩니다. 비록 계속 간언을 올리다가 부모를 화나게 만들어 부모에게 회초리로 맞더라도 원망해서는 안 된다고 합니다.

부모가 잘못을 인정하지 않음에도 불구하고 왜 자식이 화를 내거나 원망해서는 안 될까요? 그것은 그래야만 부모의 마음이 변해 간하는 것을 받아줄 가능성이 있기 때문입니다. 이 세상 누구든 자신의 잘못에 대해 직접 대놓고 야단치거나 나무라듯이 말하면 고치려는 사람이 드뭅니다. 부드럽게 말하고 그 사람의 마음을 거스르지 않아야 잘못을 인정합니다. 아이들도 이러한데 하물며 부모와 같은 윗사람은 더 말할 필요가 없겠죠.

만약 시사토론장에서 상대를 공격하듯이 부모의 잘못을 따진다면, 그 잘못을 고치기는커녕 부모와 거리만 멀어지게 됩니다. 더구나 자식은 부모를 가르치듯이 해서도 안 되지만, 더욱 중요한 것은 부모와의 견해 차이를 부모의 잘못이라고 오해할 수도 있기 때문입니다. 단지 의견의 차이에 따른 행동일 뿐인데, 그것을 부모의 잘못으로 여기고 집요하게 간할 수 있기 때문에 부드럽게 하고 더욱 공경하며 원망하지 말라고 한 것입니다.

이런 효도도 있다

『소학』에는 효도 이야기가 많은데 그 가운데 이런 이야기도 있습니다.

중국 삼국시대 말기 위나라 사람 왕상은 이름난 효자였습니다.

일찍이 낳아준 친어머니를 여의고 계모 밑에서 자랐는데, 그녀는 그의 아버지께 그를 헐뜯는 고자질을 잘했습니다. 그의 아버지는 계모의 말만 믿고 그 별로 항상 쇠똥을 치우게 했는데, 그래도 왕상은 불평하지 않고 계모와 아버지를 공손하게 잘 섬겼습니다.

어느 추운 겨울날이었습니다. 그날따라 계모는 싱싱한 물고기를 먹고 싶어 했습니다. 왕상은 어머니를 위해 물고기를 잡으러 강으로 갔습니다. 물고기를 잡으려고 막 얼음을 깨려고 하는데, 홀연히 얼음이 녹으면서 잉어 두 마리가 물 바깥으로 튀어 올라 왔습니다. 그것을 가지고 집으로 돌아와 어머니께 드렸습니다.

또 한번은 어머니가 참새구이를 먹고 싶어 했습니다. 그가 참새를 잡으러 가려는데 마침 수십 마리의 참새가 그의 방으로 날아들지 않겠습니까? 왕상은 그것을 잡아다가 어머니께 구워 드렸습니다.

마을 사람들은 이 소식을 듣고 크게 놀랐습니다. 모두 왕상의 효성이 하늘을 감동시켜 그렇게 된 일이라고 입을 모았습니다.

하루는 뜰에 있는 과일나무에 열매가 맺혔는데 어머니는 이를 잘 지키라고 명하였습니다. 바람이 불고 큰 비가 올 때마다 왕상은 열매가 떨어질까 봐 나무를 붙들고 울었습니다. 그 효성이 지극한 것이 이와 같았습니다.

어떻습니까? 여러분도 왕상처럼 효도할 수 있겠습니까? 친어머니에게도 이렇게 효도하기 어려운데 헐뜯고 고자질하는 계모에게 이렇게 하기는 쉽지 않겠지요. 옛날 사람들은 요즘 사람들보다 순박하기 때문에 이런 이야기가 먹혔는지 모르겠습니다.

아무튼 누가 강요해서라기보다 스스로 하게 될 때 진정한 효도가 됩니다. 그때가 언제일지 모르겠지만, 청소년 때에는 부모님께 걱정을 끼쳐드리지 않는 것만으로도 큰 효도입니다. 몸 다치지 않고 나쁜 길로 빠지지 않는 것 말입니다. 요즘처럼 곳곳에 위험이 도사리고 있는 복잡한 세상에 어쩌면 건강하게 살아있는 것 그 자체만으로도 효도라 할 수 있습니다. 얼마 전 세월호 참사로 자식을 잃은 수많은 학부모들의 아픔과 슬픔을 한번 헤아려 보십시오. 항상 감사한 마음으로 부모님을 기쁘게 해드리기 바랍니다.

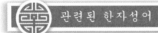

관련된 한자성어

군자무본(君子務本)

완성된 인격을 지닌 군자는 근본에 힘쓴다는 말로 「학이」편에서 유래.

노이불원(勞而不怨)

부모를 위해 어떤 고생을 하더라도 원망하지 않는다는 말로 「이인」편에서 유래.

예법을 모르면 인간도 아니다

오랑캐

"무찌르자 오랑캐 몇 천만이냐, 대한 남아(男兒) 가는데 초개(草芥)로구나"

이 말은 옛날에 6·25전쟁 직후 학교나 군대에서 많이 부르던 노랫말입니다. 나이가 드신 분들은 잘 아는 노래입니다. 여기서 말하는 오랑캐는 6·25때 북한을 도와 참전한 중국(중공)군을 말합니다.

원래 오랑캐는 인간도 아니고 동물도 아닌 야만인이란 뜻입니다. 과거 중국인들은 주변의 민족들을 구이(九夷)라는 아홉 오랑캐로 부르고 무시했는데, 오랑캐를 야만인으로 본 이유는 중국인들이 지키던 예법이 그들에게는 없었기 때문입니다. 여기서 예법이란 단순히 예절 차원을 넘어 신분에 따라 인간의 모든 행동과 복장과 의식 등을 정해서 따르도록 하는 사회 질서를 위한 고대 중국인들의 제도입니다.

 **예법으로 돌아가야 인간답다**

안연이 인간다움에 대해 묻자 공자가 말했다. "자기의 개인적인 욕심을 이기고 예법으로 돌아오는 것이 인간답다."

顔淵이 問仁한대 子曰 克己復禮 爲仁이니라 『안연』

克: 이기다 | 己: 자기 | 復: 돌아오다 | 禮: 예도, 예법

안연은 공자가 가장 아끼던 제자였습니다. 그가 인간다움이란 어떤 것인지 물었을 때 공자가 "자기의 개인적인 욕심을 이기고 예법으로 돌아오는 것이 인간답다"라고 대답했으니 많은 사람들이 공자 사상의 핵심인 인의 뜻이 '극기복례(克己復禮)'라고 여기기도 했습니다.

그런데 이 말의 뜻이 분명하지 않습니다. 자기의 개인적인 욕심을 이기는 것은 이해되는데, 예법으로 돌아온다는 것이 무슨 뜻인지 명확하지 않습니다. 그래서인지 안연이 다시 조목조목 말해주기를 부탁했습니다. 그러자 공자는 "예법이 아니거든 보지 말며 예법이 아니거든 듣지 말며 예법이

아니거든 말하지 말며 예법이 아니거든 행동하지 말라"고 자세하게 말해줍니다. 곧 모든 행동 하나하나를 예법에 맞게 해야 한다는 뜻입니다.

여기서 공자가 가장 이상적으로 생각한 예법은 중국 고대 서주(西周, 기원전1046~771년) 시기의 예법입니다. 주나라의 예법은 주나라의 왕실과 관직제도를 비롯한 각국의 제도와 행위를 규정한 내용으로 당시 인간사의 모든 일들이 여기에 포함되어 있습니다. 그러니까 주나라의 사회질서를 위한 제도와 행동규범이라고 말할 수 있습니다. 오늘날 우리가 생각하는 예절 정도로 보아서는 안 됩니다. 이렇듯 원래 천자의 예법이 있고 제후의 예법이 있고 대부의 예법이 있는데, 공자는 당시 춘추시대의 혼란이 제후가 천자의 예법을 행하고, 대부가 제후나 천자의 예법을 행하는 하극상의 문제에서 생겼다고 봅니다.

그러니 이들이 인간이라면 마땅히 자신의 개인적인 욕심을 이기고 고대의 예법으로 돌아와야 한다고 생각했던 것입니다. 이렇게 공자가 예를 중요시한 것은 이러한 역사적 맥락에 닿아 있습니다. 그렇다면 이런 형식적인 예법을 실천하는 것만이 인간다운 일일까요?

공자가 말했다. "사람이 인간답지 않으면 예법은 무엇 할 것이며 사람이 인 간답지 않으면 음악은 무엇 할 것이냐?"

자왈 인이불인   여례   하   인이불인   여악   하
子曰 人而不仁이면 如禮에 何며 人而不仁이면 如樂에 何리요 (「팔일」)

禮: 예도 | 何: 무엇 | 樂: 음악 | 而: 어조사(접속사)

위의 말은 얼핏 보면 인간다움이 앞의 "자기의 개인적인 욕심을 이기고 예법으로 돌아오는 것이 인이니라"는 말과 서로 논리가 맞지 않아 보입니 다. 이 말을 이해하려면 인간다움과 예법의 관계를 알아야 합니다.

고대 중국에서 인간사회의 질서를 유지하기 위해서는 예악형정(禮樂刑 政)이 필요했습니다. 예는 일상생활의 자율적인 질서를 위한 법도이고, 악 은 마음을 화합하게 만들기 위한 음악이며, 형은 악행을 방지하기 위한 형 벌이고, 정은 정치를 시행하는 것을 말합니다. 물론 공자가 가장 중요시한 것은 바로 예악이며, 그래서 본문의 내용이 등장합니다.

여기서 예법도 중요하고 음악도 중요한데, 문제는 그런 제도적인 장치보 다는 인간의 따뜻한 사람다운 마음가짐이 더 중요하다는 뜻입니다. 아무리 좋은 예법과 음악이 있어도 인간의 기본적인 마음에서부터 사람답지 않다 면 아무 소용이 없다는 뜻입니다. 다시 말해 예악은 인간이 되는 필요조건

이기는 하지만 충분조건은 아니라는 것입니다.

그러니까 종합해 보면 예는 인간다움을 표현하는 형식이고, 반면 인간다움은 예악의 기본 정신이라고 말할 수 있습니다. 예법 그 자체가 중요한 것이 아니라, 예법이 인간다움을 표현하는 형식이니 아무리 착한 인간의 행동이라도 평소에 법도나 격식에 맞아야 한다는 것입니다. 반면에 아무리 예법이 좋고 훌륭해도 그것을 실천하는 인간의 따뜻한 마음이 없다면 예법 그 자체는 형식적인 겉치레에 머물고 마는 것입니다.

사실 이런 문제는 오늘날도 도덕시간에 배우는 예절 그 자체는 형식이지만 그 기본 정신은 타인 존중이라고 가르치는 것과 통합니다. 타인을 존중하지 않으면서 마지못해 겉으로만 예절을 지킨다면 예의바른 행동이라 할 수 없습니다. 반면 마음으로는 타인을 존중하고 배려하더라도 겉으로 드러나는 행동이 무례하다면, 이러한 마음을 타인이 알 길이 없습니다. 이렇듯 형식인 예절과 내용인 타인 존중의 마음이 조화를 이루어야 예의바른 행동이라 하겠습니다.

그러니 공자의 예법은 사람다움, 곧 인을 표현하는 형식인 것입니다. 그것이 단순히 개인의 예절 차원을 넘어 천하의 제도로서 잘 갖추어질 때 아름다운 사회가 되는 것입니다.

그렇다면 오늘날 우리가 이런 주나라 예법을 지켜야 할까요? 당연히 아니겠죠. 그렇다면 공자의 극기복례라는 말은 오늘날에는 적용되지 않을까요?

그렇지 않습니다. 비록 주나라의 예법은 없지만 나름대로 우리 사회에 통용되는 예법이나 예절이 있습니다. 가령 심야시간에 아파트에서 큰소리로 떠들거나 쿵쿵대며 뛰어다니는 행동은 분명히 예절 바른 행동이 아닙니다. 또 자동차를 난폭하게 몰아 여러 운전자들에게 민폐를 끼치는 것도 그렇고, 남의 집을 방문할 때나 또는 집에서 손님을 맞이할 때에도 그에 맞는 예절이 있습니다. 이런 것들은 초등학교 바른생활 교과에서부터 가르치는 것이지만, 그런 예절을 제대로 지키지 못하면 상식 없는 사람으로 지탄을 받습니다. 곧 인간답지 못한 사람이 되는 것이지요.

군이 공자가 말한 예법이 없더라도 여전히 우리 시대에 맞는 예법을 지켜야 반듯한 사람 또는 공손한 사람으로 평가됩니다. 곧 그것이 공자 식으로 말해 인간다운 사람이지요.

지금도 지키는 옛날의 예법

조선시대는 중국 고대의 예법 정신을 이어받아 우리 실정에 맞게 나름대로 정해서 지켰습니다. 그 가운데 지금까지 전해오는 것에는 관혼상제(冠婚喪祭)라는 가례(家禮)가 있습니다. 관례는 오늘날 성인식과 같은 것이고, 혼례는 혼인예식, 상례는 장례식, 제례는 제사의식을 뜻합니다.

그런데 오늘날 우리의 예법은 많이 바뀌었습니다. 옛날 기준으로 보면 우리는 거의 모두 오랑캐의 예법을 따르고 있지요. 그것은 혼례나 장례는 물론 제사 또한 종교에 따라 다르니까 말입니다. 게다가 신분에 따라 예법을 정해 놓은 것도 없으니 더 말할 필요가 없습니다.

그러나 예법도 사회적 조건이나 당대의 문화에 따라 변하므로 굳이 옛것을 고집할 필요가 없습니다. 그러니 옛것을 잘 지킨다고 뽐낼 필요도 없고,

그것을 제대로 지키지 못한다고 비웃을 필요도 없습니다. 다만 오늘날 각자의 형편에 맞게 하되 그것을 통해 인간다움을 실천하는 것이 중요한 과제로 남았습니다.

 관련된 한자성어

극기복례(克己復禮)

자기의 사욕을 이기고 예법으로 돌아가는 것으로 「안연」편에서 유래.

사랑할 줄 알아야 인간이다

네 이웃을 네 몸처럼 사랑하라

예수는 '네 이웃을 네 몸처럼 사랑하라'라고 했습니다. 중국 춘추전국시대 묵자(墨子)도 '나의 부모처럼 남의 부모도 똑같이 사랑하라'는 겸애설(兼愛說)을 주장했습니다. 사실 남을 자기 가족처럼 사랑할 수 있을까요? 가령 우리 아버지와 모르는 사람이 동시에 물에 빠졌고, 한 사람만 구할 수 있다면 누구를 살릴까요? 이 경우 남을 내 가족과 똑같이 사랑하는 것은 말처럼 쉽지 않습니다.

그렇다고 해서 남을 사랑하지 않으면 안 되겠죠? 물에 빠진 사람을 구할 수 있는데도 모르는 척 한다면 정말로 인간답지 못한 사람이 됩니다.

번지가 인간다움에 대해 묻자 공자가 말했다. "남을 사랑하는 것이니라."

번지문인　　자왈　애인
樊遲問仁한대 / 子曰 愛人이니라　(「안연」)

愛 : 사랑하다 | 人 : 남

번지는 공자의 제자입니다. 원문 애인(愛人)에서 '애(愛)'는 원래 '아끼다', '아깝게 여기다'의 뜻으로도 쓰였는데, 가령 애지중지(愛之重之)한다고 할 때 이러한 뜻이 들어 있습니다. 요즘에는 애(愛)를 일반적으로 '사랑하다'로 풀이합니다. 그리고 인(人)은 여기서는 '사람'이 아니라 '남' 곧 타인을 말합니다. 그러니까 애인은 남에게 사랑을 베푸는 것, 곧 타인을 아껴주는 것을 말하는데, 여기서 남을 사랑한다는 것은 인간에 대한 사랑의 끝이라 할 수 있습니다. 거기까지 미쳐야 진정으로 사람답다는 뜻입니다.

유가의 가르침에서 가까운 사람, 가령 부모나 자식부터 사랑하는 것이 보통 사람들의 사랑에 대한 자연스런 모습입니다. 즉 사랑하는 데도 순서가 있다는 뜻입니다. 고대부터 가족 또는 씨족 중심으로 사회의 기초를 이루었으므로 가까운 사람부터 사랑하는 것은 당연한 이치입니다.

우리의 옛 전통에도 항상 남보다 일가친척을 먼저 아껴주고 사랑했던 점을 찾을 수 있습니다. 그것은 필자가 어렸을 때 고향에서 본 모습이기도 합니다만, 여기서 남이란 외가나 처가 쪽을 제외한 나와 성씨가 다른 사람을 뜻합니다. 그러니 남은 논리적으로 볼 때 사랑의 순서에서 가장 멀리 있습니다. 이렇게 비록 사랑의 대상에서 멀리 있지만, 공자는 자기 가족이나 친인척을 거치고 넘어서서 거기까지 미쳐야 사람답다고 한 것입니다.

사실 이런 사랑은 모든 생명을 가진 것까지 넓혀가야 합니다. 우리 조상들도 그것을 알고 실천해 왔습니다. 동물을 함부로 죽이지 않은 것은 물론, 나무 한 그루 풀 한 포기조차도 의미 없이 함부로 뽑거나 베지 않았습니다.

우리가 살아가기 위해 인간이 아닌 다른 동식물을 어쩔 수 없이 먹을 수밖에 없다고 해도, 경건한 마음으로 그 희생된 동식물의 고마움을 생각하며 먹어야 하지 않겠어요? 약한 자는 강한 자의 밥이 될 수밖에 없다는 논리를 그저 당연히 여기지 말았으면 합니다.

그러니 배가 고프지 않으면서 이런 생명을 단지 즐기기 위한 오락으로 삼거나, 상업적으로 이용해 생명을 함부로 죽이거나 학대하는 것은 생명에 대한 모독이며 인간의 잔인성을 조장하는 인간답지 못한 일입니다.

백성들을 사랑하는 정치

공자가 말했다. "제후의 나라를 다스릴 때는 정사를 신중하게 하여 백성들에게 믿음이 있게 하고, 쓰는 것을 절약하며 남을 사랑하고, 농한기를 선택하여 백성을 부려야 한다."

子曰 道千乘之國하되 敬事而信하며 節用而愛人하며 使民以時니라

「학이」

道: 인도하다 | 乘: 병거 | 國: 제후가 다스리는 나라 | 敬: 신중하다 | 事: 일, 정사
用: 쓰다 | 節: 절약하다 | 使: 부리다 | 時: 때에 맞추다

천승지국(千乘之國)이란 전쟁 때 전차(수레) 천 대를 낼 수 있는 크기의 나라로 제후국을 뜻합니다. 그러니까 원문은 제후국을 다스리는 사람의 인간적인 태도를 말하고 있습니다. 즉 나라를 다스리는 정치가(왕)는 백성의 믿음을 얻고, 사용하는 물건을 절약하고, 남을 사랑하고, 백성들을 때에 맞게 부릴 줄 알아야 합니다. 나라에서 사용하는 재물을 절약해야 백성들에게 거두는 세금을 줄일 수 있고, 또 부역이나 전쟁 때문에 백성들을 동원하여 농사지을 때를 놓치게 해서는 안 된다는 생각이 그것입니다. 이 말에는 백성을 사랑하는 마음이 들어 있습니다.

우리나라 전래동화에 이런 이야기가 있습니다.

"이 세상에서 가장 넘기 힘든 고개는 무엇인고?"

어떤 임금이 궁녀들에게 묻자 제각기 문경새재니 대관령이니 추풍령 등이라 말했으나 한 궁녀가 이런 대답을 했습니다.

"제가 알기로는 세상에서 가장 넘기 힘든 고개는 보릿고개입니다. 보릿고개는 가난한 농사꾼들이 가장 넘기 힘들고 고통스러운 고개인줄 압니다."

대답을 듣자 임금은 얼굴에 미소를 머금고 말했습니다.

"과연 지혜로운 답이로구나. 제일 넘기 힘든 고개는 문경새재나 대관령이나 추풍령이 아니니라. 그런 고개는 쉬엄쉬엄 넘으면 누구나 넘을 수 있느니라. 그러나 많은 백성들은 봄이 되면 가을에 거두어들인 양식이 떨어져 굶게 되는데, 양식을 얻으려면 새 보리가 익기를 기다려야 하느니라. 이 기간을 보릿고개라 하니 그때만큼 힘들고 고통스런 때가 어디 있겠느냐? 그러니 이 세상에서 가장 넘기 힘든 고개가 아니겠느냐? 백성들이 제일 힘들어 하는 보릿고개를 임금인 나는 물론 비록 대궐 안에 사는 너희들이라고 하여 결코 잊어서는 안 되느니라. 백성이 나라의 근본이니 백성들이 잘살아야 나라가 잘되느니라."

정답을 맞힌 궁녀에게 왕은 궁녀들을 관리하는 높은 직책을 맡기고 항상 가까이 하였으며, 나라에 큰일이 있을 때마다 지혜를 묻기도 했다고 합니다.

사랑의 깊이는 다를 수 있다

요즘은 연인뿐만 아니라 가족이나 친구에게도 '사랑한다'는 표현을 자주 합니다. 그러나 따지고 보면 같은 사랑이 아닙니다. 연인끼리 사랑하는 것과 부모와 자식이 사랑하는 것과 친구끼리 사랑하는 것이 다르고, 부모와 자식이 사랑하더라도 부모가 자식을 사랑하는 것과 자식이 부모를 사랑하는 깊이가 다를 수 있습니다. 게다가 나라를 사랑하는 애국심이나 고향을 사랑하는 애향심이나 학교를 사랑하는 애교심이 다를 수 있습니다. 그러니 대상에 따라 사랑이 같을 수 없습니다.

어쨌든 부모, 자식, 친구, 배우자 누가 되었든 그 사람에게서 사랑하는 마음과 행동을 느낄 수 없다면, 인간답다고 말하기는 어렵습니다. 누군가를 사랑하는 것은 사람다움의 기본입니다.

그런데 자기 부모나 형제를 제쳐두고 다른 사람을 더 사랑한다면 문제가 있습니다. 그러한 사랑은 분명 무엇인가를 노리고 사랑하는 척 할 수도 있고, 비록 그렇지 않더라도 그 사랑의 한 구석에는 뭔가 허전함이 남아 있기 때문입니다. 만약 부모 형제로부터 사랑을 느끼지 못한다면 하루 빨리 서로 사랑하는 관계를 회복해야 합니다.

그러니 비록 젊은이들이 자신의 이상형인 남자나 여자를 맹목적으로 사랑하는 경우를 인정하더라도, 일반적으로 부모나 형제나 자식을 사랑하면서 그 사랑이 넘쳐나 이웃이나 학교나 국가와 인류를 사랑하는 것이 올바른 순서가 아닐까요?

 관련된 한자성어

절용애인(節用愛人)

나라의 재물을 아껴 쓰고 백성을 사랑하라는 뜻으로 「학이」편에서 유래.

사민이시(使民以時)

농번기를 피해 백성들을 부려야 한다는 뜻으로 임금이 백성의 입장을 헤아리는 것을 이르는 말. 「학이」편에서 유래.

도덕을 실천할 능력이 있어야 한다

왕따를 당해 봤나요?

집단따돌림 속칭 왕따를 당해 본 적이 있나요? 당해 보지 않은 사람은 그 괴로움을 잘 모를 겁니다. 그래서 참다못해 스스로 목숨을 끊는 학생이 나오기도 하고, 심한 충격으로 정신과 치료를 받는 학생들도 생겨납니다.

친구를 따돌리는 학생들 가운데는 그것이 옳지 않은 줄 알면서도 같이 따돌리는 경우가 많습니다. 그것이 옳지 않다고 당당하게 말하지 못하고 왜 따라하게 될까요? 같이 친구를 따돌리지 않으면 그 무리로부터 자신도 따돌림을 당할까 봐 두려워서 그럴까요? 아니면 힘센 친구가 두렵기 때문일까요? 같이 어울리지 않으면 외롭기 때문일까요? 아무튼 잘못된 일을 잘못이라 말하기는커녕 같이 잘못 행동하는 것은 비난과 처벌을 받아야 할 인간답지 못한 행동입니다.

인간다운 자는 덕이 있다

공자가 말했다. "덕이 있는 사람은 외롭지 않으니 반드시 이웃이 있다."

자왈 덕불고 필요린
子曰 德不孤라 必有隣이니라 (「이인」)

德:덕 ┃ 不:~하지 않다 ┃ 孤:외롭다 ┃ 必:반드시 ┃ 有:있다 ┃ 隣:이웃

인간답게 되는 것은 마음에 덕을 쌓는 것과 통합니다. 덕(德)을 사전에서 찾아보면 '도덕적·윤리적 이상을 실현해 나가는 인격적 능력' 또는 '공정하고 남을 넓게 이해하고 받아들이는 마음이나 행동'입니다. 공자 당시의 덕도 대체로 이와 같은 뜻을 지니고 있습니다. 덕행이란 이런 덕이 행동으로 드러난 것을 말합니다. 그러니까 앞의 집단따돌림을 하는 학생들은 덕행을 찾아볼 수 없을 뿐만 아니라 도덕적 행동을 할 수 있는 능력이 없거나 부족하다고 할 수 있습니다.

사실 덕이란 그냥 생기는 것이 아닙니다. 교육이나 노력을 통해 도덕적 능력을 키워야 합니다. 옛날에는 그것이 수양을 통하여 마음속에 길러진다

고 여겼습니다. 그래서 덕을 노력에 의하여 '마음에 얻는 것'으로 생각했습니다. 그러니 어릴 때부터 가정이나 학교에서 도덕적 행동을 할 수 있는 능력을 키우지 못했다면, 집단따돌림과 같은 부도덕한 일에 관여하게 됩니다.

그런데 우리 주변에 실제로 덕을 갖춘 사람은 흔하지 않습니다. 그러니 덕이 있는 사람의 입장에서 볼 때 참으로 외로울 때가 있습니다. 덕을 갖춘 어린 사람이라면 또래집단에서 착한 척 한다고 따돌림을 받기도 합니다. 이렇게 되면 대화를 나눌 상대도 적고, 또 그것을 알아주는 사람도 드뭅니다. 이 말을 한 배경에는 공자 자신도 한때 그런 적이 있음을 내비치고 있습니다.

그러나 여기서 '걱정하지 말라, 반드시 너와 같은 덕 있는 친구나 이웃이 있다'고 말하고 있습니다. 이 또한 덕을 쌓아두면 언젠가 자기를 알아주는 덕이 있는 친구나 이웃 사람이 있을 것이라는 뜻도 되지만, 자신이 덕을 가지고 있으면 점차 이웃이 거기에 감동되어 외롭지 않게 된다는 뜻도 됩니다.

공자의 이 말은 마치 기독교 성경에 나오는 "의에 주리고 목마른 자는 복이 있나니 저희가 배부를 것임이요(「마태복음」)"와 의도가 유사합니다. 이 말은 옳거나 참된 일을 위해 노력해도 당장 누가 알아주지 않아서 외로운 것 같으나 끝내 그렇지 않다는 희망의 메시지인 것입니다. 결국은 덕 있는 사람이 참다운 인생의 승리자가 되는 것입니다.

공자가 말했다. "군자는 덕을 마음에 품으나 소인은 땅을 마음에 품으며,

군자는 형벌을 마음에 품으나 소인은 혜택을 마음에 품느니라."

_{자왈 군자 회덕 소인 회토 군자 회형 소인 회혜}
子曰 君子는 懷德하고 小人은 懷土하며 君子는 懷刑하고 小人은 懷惠니라

「이인」

懷: 마음에 품다 | 土: 땅토 지 | 刑: 형벌 | 惠: 혜택

군자는 바른 덕으로서 인격을 완성한 사람을 말하며 도덕적 능력을 갖춘 사람입니다. 소인이란 마음과 행동에 덕이 없고 도덕적 능력이 부족한 사람입니다.

마음에 덕을 품는다는 것은 인간이 본래 가지고 있다는 도덕적 가능성을 잘 길러 보존하는 것입니다. 훗날 유가는 인간의 본성이 원래 착하다는 맹자의 성선설을 가지고 이렇게 해석합니다. 쉽게 말해 마음에 덕을 품는다는 말은 착한 마음을 가진다는 뜻입니다.

반면에 소인이 마음에 땅을 품는다는 것은 그가 거처하는 곳의 편안함에 탐닉하는 것으로 해석되기도 하지만, 물질적 이익만 따진다고 볼 수도 있습니다. 그리고 군자가 형벌을 마음에 품는다는 것은 정의롭게 형벌이 마땅한가를 따진다는 뜻이며, 소인이 혜택을 마음에 품는다는 것은 이익을

탐하는 것으로 봅니다.

사실 군자와 소인으로 대비되는 상황은 『논어』의 여러 곳에 등장합니다만, 여기서 둘 사이의 특징은 군자는 마음의 덕과 공공의 이익이나 질서를 중요시 여기는 반면에 소인은 공익보다는 사적인 이익에 빠져 있는 사람입니다. 달리 말하면 군자는 도덕적인 선과 사회정의를 먼저 생각하지만, 소인은 오로지 자신의 욕망에 충실하다고 말할 수 있습니다.

겉으로 드러난 이런 기준에서 본다면 오늘날 필자를 포함해서 대부분의 사람들은 소인에 해당될 것입니다. 왜냐하면 직접적으로 공공의 이익이나 도덕적인 선을 실천하기 위해 생활하기보다는 일터에서 자신의 개인적 욕망이나 이익을 위해 노력하는 사람들이 많기 때문입니다. 더구나 직장이나 사회에서 나를 어떻게 대우해 주느냐에 따라 자신의 할 일과 역할을 결정하는 사람이 많습니다. 대부분 혜택이나 이익을 바라고 일하고 있습니다.

이런 표면적인 논리로 본다면, 확실히 현대인들은 소인입니다. 그러나 소인을 면하는 방법은 얼마든지 있습니다. 가령 내가 회사원이라면 내가 하는 일이 회사에 도움이 될 뿐만 아니라, 사회에 기여하는 것이 있는지 아니면 피해를 주는지 따져 봐야 합니다. 만약 회사에서 불량식품을 만든다면 그 회사에서 일하는 나는 그 일을 거부해야 합니다. 사장의 지시라고 묵묵히 따르면서 월급만 받는다면 분명 소인입니다. 또 내가 군인이라면 상관의 정당한 명령에 따라야 하지만, 가령 상관이 시위하는 선량한 자국 시민들에게 총을 쏘라는 부당한 명령을 내린다면 거부해야 합니다. 설령 그 대가로 내게 불이익이 주어지더라도 감수해야 군자입니다. 피해를 당할까 무서워 부당한 명령을 따른다면, 그 순간 소인이 됩니다.

그러니 어떤 일에 종사하든 상관없이 도덕적인 양심을 갖고 공익과 사회 정의를 고려하고 부끄럼 없이 행동한다면 그 사람은 군자입니다. 그저 이익과 인기, 지위에만 집착한다면 소인에 지나지 않습니다. 불행하게도 우리는 이른바 '경쟁'이라는 병에 걸려 사회정의나 공익보다 사적인 욕망에 충실한 소인들을 수도 없이 보는 안타까운 현실에 살고 있습니다.

옳은 일을 묵묵히 하다 보면

약삭빠른 사람이라면 남이 보는 데서만 착한 척을 하거나 자기가 잘하는 점을 내세웁니다. 인간다운 사람은 자기가 잘난 척 하는 것 같아 쑥스러워 차마 자랑을 못합니다. 그렇다고 마음속으로 섭섭하게 생각하지도 않습니다. 누가 알아주든 말든 상관없이 자신의 행동이 옳기 때문에 묵묵히 하는 것입니다. 다른 사람들이 당장 이런 사람의 덕을 눈치 채지 못하지만, 언젠가 알아주는 날이 오고 자연스럽게 주변에 사람들이 몰리게 됩니다. 이렇듯 올바른 행동으로 이룬 성공이 진정한 성공 아닐까요?

그런데도 사람들 가운데는 자기의 장점이나 좋은 점을 남이 알아주지 않으면 견디지 못하고 조급증을 내기도 합니다. 어떻게 해서든 자기를 내세우고 알리려고 합니다. 심지어 무리한 방법을 통해서라도 말이죠. 그 속내는 유명인이 되고 싶은 게지요. 그러나 비록 그것이 성공해서 잠시 인기를 끌더라도, 이런 행동 자체가 이미 덕을 잃는 일이기 때문에 남이 그 경박함을 금방 눈치 채게 됩니다. 불쌍한 영혼이 되고 마는 것이지요.

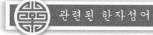

덕불고필유린(德不孤必有隣)

덕이 있으면 외롭지 않아 이웃이 있다는 것을 이르는 말로서 「이인」편에서 유래.

힘든 일을 당하면 인간성을 안다

얄미운 사람

어디를 가나 얄미운 사람이 한둘씩 꼭 있기 마련입니다. 한창 청소할 때는 보이지 않다가 끝날 때면 나타나는 당번 학생이나, 열심히 일할 때 보이지 않다가 식사할 때만 나타나는 사람, 공동으로 힘든 작업을 할 때 꾀병 부리는 사람, 중요한 행사에 빠지려고 바쁘다고 핑계 대는 사람 등을 어디서나 쉽게 찾아 볼 수 있습니다. 이런 얄미운 사람을 흔히 약삭빠르다고 평가합니다. 공자 당시에도 그런 사람이 있었던 모양입니다.

번지가 인간다움에 대해서 묻자 공자가 말했다. "인간다운 사람은 어려운 일을 먼저 하고 대가를 뒤로 미루어야 인간답다고 말할 수 있다."

번지문인   자왈 인자   선난이후획   가위인의
樊遲問仁한대 子曰 仁者는 先難而後獲이니 可謂仁矣니라 「옹야」

先: 먼저 하다 | 難: 어렵다 | 後: 나중에 하다 | 獲: 얻다 | 可: 가능하다 | 謂: 이르다

번지는 공자의 제자인데, 인간다움에 대한 질문을 많이 했습니다. 『논어』에 총 세 번 등장합니다. 공자는 대개 질문한 제자에게 필요한 것을 답변하는 경우가 많았는데, 아마도 공자가 보기에 번지에게는 약삭빠른 구석이 있었던 모양입니다.

공자가 볼 때 인간다운 사람은 어려운 일이 있을 때 그것을 해결하는 것이 먼저이지 그 일을 통해 얻어지는 이득은 뒤로 미룬다고 합니다. 쉽게 말해 염불에는 뜻이 없고 잿밥에만 맘을 두어서는 안 된다는 겁니다.

이러한 공자의 영향으로 유가학파들은 항상 정의를 앞세우고 개인적인 이익을 도모하지 않으며 보편적 가치를 밝히려고 노력하며, 자신의 공은 내세우지 않는 것을 인간다운 도리로 여겼습니다. 다시 말하면 대의명분(大義名分), 곧 사람으로서 마땅히 지키고 행해야 할 도리를 개인적인 이익보다 앞세웠습니다.

사실 이러한 문제는 과거 역사에서 흔하게 볼 수 있습니다. 전쟁이나 국가의 변란이 끝난 후 논공행상(論功行賞)할 때 일어나는 일이기도 합니다. 공이 클수록 큰 상과 벼슬을 받기 때문에 거기에 신경을 쓰게 되지요. 여기서 지나치게 자신의 공을 내세우는 것은 공자의 논리에 따르면 인간답지 못하게 됩니다. 그래서 공자의 이 가르침에 따라 자신의 공을 내세우지 않고 사양하는 군자다운 모습을 보이는 인물들도 꽤 있습니다.

오늘날 부모님이 남겨주신 유산을 두고 종종 비슷한 일이 벌어집니다. 부모가 늙어 병으로 고생할 때 부모 옆에서 지극 정성으로 돌보는 자식이나 며느리, 사위가 있는 반면에 병문안조차 제대로 안 하는 자식들도 있습니다. 부모가 돈이 많으면 억지로 돌보는 흉내라도 내지만, 재산이 없으면 병원비는 고사하고 얼씬거리지 않는 사람들도 더러 있지요. 그러다가 부모가 돌아가시면 유산을 놓고 평소 누가 부모에게 잘 했는지 따질 것도 없이 그저 서로 많이 가지려고 다투기도 합니다. 그래서 형제끼리 서로 싸워 원수가 되고 왕래조차 하지 않기도 합니다.

공자가 말하였다.

"질문 참 잘 했네. 일을 먼저하고 얻는 것을 뒤로 미루는 것이 덕을 높이는 것
이 아니겠느냐?"

자왈 선재 문 선사후득 비숭덕여
子曰 善哉라 問이여 先事後得이 非崇德與아 (「안연」)

善:좋다 | 先:먼저 하다 | 事:일 | 後:뒤로 미루다 | 得:얻다 | 崇:높이다

이 말은 제자인 번지가 덕을 높이는 방법에 대해 묻자 공자가 한 대답입
니다. 그런데 이 대답은 어디서 들어본 말 같습니다. 바로 앞에서 번지가 인
간다움에 대해 물었을 때 "인간다운 사람은 힘든 일을 먼저하고 난 후에 대
가를 챙겨야 인간답다고 말할 수 있다"는 말과 같은 맥락입니다. 주희의 주
석에 따르면 둘은 같은 말이라고 합니다.

그런데 왜 공자는 번지가 인간다움을 물을 때나 덕을 높이는 것을 물을
때나 같은 대답을 했을까요? 두 가지 방향의 해석이 가능합니다. 앞에서 잠
시 설명했지만, 그것은 먼저 인간다움이란 곧 덕의 문제이고, 또 번지에게
힘든 일을 먼저하고 이득을 나중에 챙기는 덕이 부족했기 때문이라고 생각
합니다. 그래서 인간다움이나 덕을 높이는 것을 물으나 전부 힘든 일을 먼
저 하고 이득을 뒤로 미루라고 대답했습니다.

자, 이 두 내용을 논리적으로 정리할 수 있습니다. 가령 a=b이고 b=c이면 a=c가 되는데, 여기에 대입하면 인간다움은 곧 덕을 높이는 것이라는 결론이 가능합니다. 그러니 덕을 높이는 것이 인간답게 되는 것 가운데 하나가 되는 것입니다. 이것은 바로 앞 장의 논리입니다.

힘든 일을 먼저 하고 이익을 뒤로 미루는 사례는 얼마든지 찾을 수 있습니다. 같이 일을 하다가 다른 사람이 먼저 식사 장소로 가더라도 일을 끝까지 마무리 짓고 가는 사람, 청소할 때 힘든 일을 도맡아 하면서도 자기가 했다고 내세우지 않은 사람입니다.

자기의 공을 내세우지 않고 어려운 일을 도맡아 하는 사람은 당장은 손해를 보는 것처럼 보입니다. 반면 꾀를 부리면서 힘들이지 않고 이익을 챙기는 사람은 실속 있어 보이기도 합니다. 우스갯소리로 요즘 엄마들은 딸에게 집안일을 가르치지 않는다고 합니다. 딸이 나중에 시집갔을 때 일을 잘하게 되면 고생할까 염려해서 그런다고 합니다. 우스갯소리지만 뼈가 있는 말입니다. 편안하게 힘든 일은 하지 않았으면 좋겠다는 계산이 들어 있기 때문입니다.

그러나 이런 생각은 멀리 보지 못한 속 좁은 것입니다. 이런 행동은 당장 눈앞의 이익은 가져올지 모르지만, 장기적인 안목에서 보자면 손해입니다. 주위 사람들이 그 사람의 약삭빠른 행동을 다 알아차리기 때문에 자연히 그 사람을 멀리하게 되지요.

반면에 어려운 일을 먼저 하는 사람은 처음에는 비록 그 좋은 행동이 눈에 띄지 않더라도 계속 하다 보면 많은 사람들이 그 사람의 됨됨이를 알아주고 결국 따르고 존경하게 됩니다. 앞에서 말한 "덕 있는 사람은 외롭지 않으니 반드시 이웃이 있다"고 하는 말이 증명되는 셈이지요.

자본주의 사회의 이익 챙기기

앞의 공자의 생각은 사익을 앞세우는 것보다는 공익의 입장에 서는 것이 참다운 인간이라고 본 것입니다. 물론 이런 것들은 가족 중심의 작은 공동체에서 기인한 생각이지만, 복잡한 현대 사회로 확장해서 생각해도 필요한 일입니다.

오늘날 우리나라 같은 자본주의 사회에서는 자신의 이익을 어떻게 해서든 챙기려고 하는 것이 기본 생리가 되었습니다. 그리고 자신의 정당한 이익을 챙기지 못하면 생존하기 어렵습니다. 그것까지 탓할 수는 없습니다.

문제는 이익을 너무 앞세우면 안면몰수하고 눈앞의 이익만을 위해 경쟁하며 다툴 것입니다. 마치 작은 고깃덩어리를 놓고 물고 뜯고 싸우는 개와 같은 꼴이 됩니다. 그러니 이익을 챙기는 데도 나름대로 품위와 체통이 있어야 합니다.

더욱이 모든 분야에서 이익에만 지나치게 집착하다 보면, 공공의 이익을 위해 협력하는 마음이 사라지고 사회가 더욱 각박하고 메마르게 변할 것입니다. 결국 생존경쟁으로 살벌한 아프리카 초원지대와 같은 약육강식의 사회로 변할 것입니다. 게다가 도덕적으로 해이해져 부정부패를 저지를 가능성도 커지게 됩니다.

사실 자본주의 사회에서 드러나는 이러한 병폐를 어떻게 개선할 것인가

하는 것은 오랜 숙제였습니다. 『논어』의 이 가르침도 이 숙제를 해결하는 하나의 답이 될 수 있습니다.

관련된 한자성어

선난후획(先難後獲)

어려운 일을 먼저 하고 이익을 뒤로 미룬다는 뜻으로 「옹야」편에서 유래.

선사후득(先事後得)

일을 먼저 하고 이득을 뒤로 미룬다는 뜻으로 「안연」편에서 유래.

나도 싫은 것을 남에게 강요해서야

내가 원하는 것과 원치 않는 것

앞에서도 말했지만 학생들에게 가장 하기 싫은 일을 물어보면 대개 공부라고 대답합니다. 아마도 공부를 너무 강요당해서 그런지 모르겠습니다. 반면 가장 하고 싶은 일은 먹고 노는 것이라고 말합니다. 이렇듯 사람은 자기가 하고 싶지 않은 것과 하고 싶은 일을 분명히 가지고 있습니다.

부모들이 자녀에게 공부를 시키는 이유는 목표가 있기 때문입니다. 여기서 목적이 아무리 좋아도 정작 자신도 공부하길 싫어하면서 자녀들에게 공부를 강요하는 부모가 있다면 그것은 논리적 모순인 자가당착입니다. 굳이 공부가 아니라도 자기도 원치 않는 일을 남에게 시키는 것은 두말할 필요가 없겠습니다. 공자 또한 이러한 점에 대해 분명한 견해를 가지고 있었습니다.

 인간다운 사람은 자기도 싫은 것을 남에게 시키지 않는다

중궁이 인간다움에 대해서 물으니 공자가 말했다. "문밖을 나서면 큰 손님을 보는 것 같이 공손히 하며, 백성들을 부릴 때는 큰 제사를 지내듯이 하고, 자기가 하고 싶지 않는 것을 남에게 시키지 아니하면, 나라 일에 있어서도 원한이 없으며, 집안에 있어서도 원망이 없느니라."

仲弓이 問仁한대 子曰 出門如見大賓하며 使民如承大際하고 己所不欲을
勿施於人이니 在邦無怨하며 在家無怨이니라 (「안연」)

出: 나가다 | 如: ~처럼 하다 | 賓: 손님 | 使: 부리다 | 承: 받들다 | 祭: 제사

己: 자기 | 所: ~하는 것 | 欲: 하고자 하다 | 勿: ~하지 말라 | 施: 베풀다

邦: 제후의 나라 | 怨: 원망

중궁은 공자의 제자로 성명이 염옹(冉雍)이며 공자가 왕(제후)을 시킬 만하다고 했습니다. 또 안연(顔淵), 민자건(閔子騫)과 함께 덕행이 훌륭하다고 칭찬한 인물입니다. 공자는 아마도 그가 벼슬을 하고 있기 때문에 백성

을 부리는 문제와 관련해서 말한 모양입니다.

인간다운 사람은 귀한 사람과 천한 사람의 신분 차별이 있던 당시에도 남을 배려해야 한다고 말했습니다. 그러니 민주정치를 하는 오늘날 정치가나 고위공직자가 새겨들어야 할 말입니다.

반면에 자기의 지위나 권력을 믿고 남에게 군림하며 부당하게 명령하는 것이야말로 가장 비인간적인 사람으로 평가될 수 있습니다. 공자가 우려했던 것도 그 점이라 할 수 있습니다. 거기다가 자신의 권력이나 지위를 이용해서 부정과 부패를 저지르는 인간이야말로 인간답지 못함은 물론, 금수로 취급될 수 있습니다. 실제로 이런 가르침을 따르던 선비들은 이런 사람들을 탐관오리로 여겨 소인배로 낮게 평가했습니다.

특히 "자기가 하고 싶지 않은 것을 남에게 시키지 말라"고 한 말은 제자 자공이 "한마디 말로 종신토록 행할 만한 것이 있습니까?(「위령공」)"라고 물었을 때도 대답한 말입니다. 똑같은 말을 서로 다른 사람에게 두 번이나 대답한 것은 중요한 의미가 있습니다. 이것은 자기 자신을 미루어 남에게 적용하는 것인데, 내게 적용하는 잣대로 남에게도 그대로 적용해야 한다는 공정한 태도를 보이고 있습니다.

이 말은 『논어』 가운데서도 대단히 유명한 말로, 예수가 「마태복음」에서 "비판을 받지 아니 하려거든 비판하지 말라"는 말과 논리상 같은 구조를 이루고 있습니다.

공자가 말했다. "오직 인간다운 사람이라야 사람을 좋아하고 사람을 싫어할 수 있다."

_{자왈 유인자 능호인 능오인}
子曰 惟仁者아 能好人하며 能惡人이니라 『위정』

惟: 오직 | 能: ~할 수 있다 | 好: 좋아하다 | 惡: 싫어하다 | 人: 남

인간다운 사람만이 "사람을 좋아하고 사람을 싫어한다"는 말은 남에 대한 평가기준이 공정하여 개인적인 이해관계나 감정을 떠나서, 인간다운 사람을 좋아하고 인간답지 못한 사람을 미워할 수 있다는 말입니다.

사람이라면 누구나 좋아하고 싫어하는 감정이 있습니다. 이런 감정이 없다면 인간이 아니겠지요? 문제는 보통 사람의 경우 그 감정이 자기 개인의 이해관계나 기분에 따르는 경우가 많고, 공정한 것과는 거리가 있다는 점입니다. 가령 어린아이의 경우를 살펴보면, 아이들은 공정하게 보는 능력이 부족합니다. 그들은 대개 자기한테 잘 대해주거나, 설령 나쁜 의도를 가지고 있더라도 같이 놀아주면 좋은 사람이라 여깁니다. 정도의 차이는 있지만 성인의 경우도 자기에게 좋은 말만 해주면 좋은 사람이라 생각합니다. 반면 자신의 잘못을 지적하고 충고하는 사람은 싫어합니다.

이런 상황을 들여다보면, 사람들이 어떤 대상을 보고 '좋다' 또는 '나쁘다'

라고 평가하는 것은 그 사람의 도덕적 판단 능력과 관계됩니다. 사물에 대한 공정한 지성과 태도를 지니지 못한 사람들은 특히 자신의 문제와 관련해서는 올바른 도덕적 판단을 내리지 못하고, 대개 자신의 주관적 생각이나 감정에 따라 판단을 하게 됩니다. 이 점을 확인하려면 정치적 이해관계가 서로 다른 뉴스거리에 대해 인터넷에 올라온 댓글을 살펴보십시오. 자신의 정치적 입장이나 주관적 관점에 따라 평가가 얼마나 엇갈리고 있는지 살펴보기 바랍니다. 공정한 기준이나 잣대에 따라 사물을 제대로 판단하는 것이 얼마나 힘든 것인지 금방 확인할 수 있습니다.

이렇게 보면 타인을 평가하는 기준이나 잣대를 가진다는 것은 참 어렵습니다. 어린이와 청소년은 물론, 대다수의 성인들도 공정한 시각을 갖지 못하고 삽니다. 그러니 대중의 평가가 좋아도 진짜 좋다고 말하기 어렵고, 대중의 평가가 나빠도 진짜 나쁘다고 말하기 어렵습니다. 비록 돈을 벌거나 선거에는 유리하겠지만 대중의 평가에 현혹되지 마십시오.

그러니 편견 없는 태도와 구체적 자료를 갖지 않고는 제대로 평가할 수 없습니다. 그래서 공부가 필요하고 더 배워야 하며, 배움에는 끝이 없습니다. 단지 어쩔 수 없이 모두 함께 결정해야 한다면 차선책으로 다수결의 원칙을 따르지만, 이 또한 전문가의 도움과 협의 없이는 위험할 수 있습니다.

빵 셔틀

청소년들이라면 '빵 셔틀'이 무엇인지 잘 알겠지요. 학교에서 힘이 센 아이가 약한 친구에게 빵 같은 먹을거리를 매점에 가서 사오게 시키는 일을 말합니다. 물론 돈도 주지 않습니다. 어쨌든 힘센 학생은 자기가 하기 싫은 일을 남을 시켜서 하니 인간답다고 말할 수 없습니다. 물론 이런 일이 있어서는 안 되겠지만, 만약 있다면 피해 학생은 협박에 절대로 굴복하지 말고 부모님이나 선생님께 알려서 문제를 해결해야 합니다.

예전에는 이런 일이 있었습니다. 가령 형제가 많은 집에서 흔히 볼 수 있었는데, 부모님이 첫째보고 부엌에 가서 물 좀 떠 오라고 하면, 첫째는 둘째에게 시키고 둘째는 셋째에게 미루고, 이런 식으로 결국 제일 어린 막내가 물을 떠 오는 경우가 있었어요. 이 경우도 자기가 하기 싫은 일을 남에게 시킨 경우라 할 수 있어요.

내가 싫다면 남도 싫습니다. 자기가 힘이 세다고 약한 사람에게 일을 시키는 것은 돈이나 권력을 가진 사람들이 자기 자식은 군대에 보내지 않으면서, 돈 없고 힘없는 사람들의 자식은 군대에 보내 나라를 지키게 하는 경우와 똑같습니다. 내 자식을 군대에 보내고 싶지 않다면, 남도 마찬가지입니다. 그럼에도 불구하고 군대에 보내는 것은 국방의 의무를 다하기 위해서입니다. 가끔씩 보도되는 병역비리도 이런 인간답지 못한 사람들이 저지르는 일입니다.

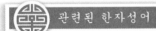

기소불욕물시어인(己所不欲勿施於人)

자기가 하기 싫은 일을 남 역시 하게 해서는 안 된다는 것을 이르는 말로 「안연」편에서 유래.

잘 보이려고 하는 것은
인간됨과 거리가 멀다

잘 보이기

오늘날 남에게 잘 보이는 일은 많은 사람들의 관심사입니다. 인기가 있어야 돈을 버는 데 이롭기 때문입니다. 유명한 배우나 가수가 아니라도 영업 관련 일을 하는 사람들이 동료나 고객들에게 좋은 인상을 준다면 도움이 되기 때문입니다. 또 젊은이라면 이성(異性)에게 잘 보이기 위해 꾸미기도 합니다. 이렇게 남에게 잘 보이는 것은 자기관리 가운데 큰 몫을 차지합니다.

남에게 좋은 인상을 주려고 노력하는 것이 나쁜 일은 아닙니다. 그러나 마음속에는 온갖 추악한 욕심이 가득하면서, 겉만 번지르르 꾸미거나 말만 재치 있게 하여 남의 시선을 끄는 행동은 결코 바람직하지 않습니다.

그래서『논어』에서는 마음에 진짜 감정을 숨기고 거짓된 말과 행동으로 겉만 꾸미는 사람에 대해서 한마디 하고 있습니다.

교언영색

공자가 말했다. "말을 교묘히 잘하며 얼굴빛을 거짓으로 좋게 꾸미기만 하는 자 가운데는 인간다운 사람이 드물다."

자 왈 교 언 영 색   선 의 인
子曰 巧言令色이 鮮矣仁이니라 (학이)

巧: 기교를 부리다 ┃ 令: 좋게 하다 ┃ 色: 얼굴빛 ┃ 鮮: 적다 ┃ 矣: 어조사

교언영색이란 '아첨하는 말과 알랑거리는 태도'라는 뜻으로, 이미 한자 성어로 정착된 말입니다. 이것은『논어』에 근거하는 것이며 서로 뜻이 통합니다. 모두 말이나 표정을 잘 꾸며서 남에게 아첨하려고 하는 것이므로, 마음의 올곧은 중심이 없는 행동입니다.

여기서 공자는 딱 잘라 야박하게 말할 수 없어서 '인간다운 사람이 드물다'라고 표현하고 있지만, 후세 유학자들은 그런 사람 가운데 인간다운 사람은 절대로 없다고 못 박았습니다.『논어』 전체를 보면 교언영색이 세 번, 교언이 한 번 등장하는데, 이것만 보더라도 공자가 교언영색을 얼마나 싫

어했는지 알 수 있습니다. 아마 공자 당시에 벼슬을 얻기 위해, 몸과 마음을 닦아서 덕을 쌓기보다 제후들 앞에서 거짓 행동을 한 사람들이 꽤 있었음을 반증합니다. 또 그런 자들에게 밀려 공자가 손해를 보았음을 암시합니다.

그런데 예나 지금이나 왜 이렇게 교언영색하는 사람들이 있을까요? 그것은 남에게 잘 보이려 하기 때문입니다. 물론 남에게 잘 보이려 애쓰는 것 자체가 나쁜 것은 아닙니다. 가령 몸을 깨끗이 씻는다든가 옷을 단정하게 입어 잘 보이려고 하는 것은 남에 대한 배려이기 때문입니다.

여기서 남에게 잘 보이려고 한다는 것은, 특히 공자가 살았던 시대의 특징 가운데 하나를 생각해 보면 금방 알 수 있습니다. 어떤 벼슬자리를 얻기 위해 권력자에게 아첨하는 일과 관계가 있습니다. 당시는 벼슬을 하면 식읍(食邑)이라 하여 직접 다스리는 땅을 주었기 때문에 권력자의 마음에만 들면 쉽게 식읍을 얻을 수 있었습니다. 식읍을 얻으면 거기서 생산되는 것들을 세금으로 거두어들일 수 있었습니다. 즉, 벼슬을 얻으면 신분이 높아지는 것만이 아니라 경제적으로도 이득을 얻을 수 있었기 때문에 자신의 능력이나 실력에 상관없이 권력자에게 거짓 얼굴로 알랑거리며 듣기 좋은 말만 했던 것입니다.

이런 점은 오늘날도 다르지 않습니다. 비록 왕 같은 권력자는 없지만 지위가 높거나 유리한 위치에 있는 사람에게 교언영색 하는 사람이 있습니다. 가령 직장 상사나 돈을 많이 가진 사람에게 아첨을 할 수 있습니다. 또 대통령이 될 가능성이 있는 사람에게 미리 잘 보이기 위해 언론을 통해 아첨하는 글을 써서 훗날 그가 대통령이 되자 벼슬자리를 얻은 사람들도 있었습니다.

그뿐만이 아닙니다. 예전에 독재정권에 유리하도록 학문을 연구한 학자들도 있었는데, 이렇게 학문을 굽혀 세상에 아부하는 것은 '곡학아세(曲學阿世)'라고 합니다. 지금도 일부 지식인들이 인기와 돈을 얻기 위하여 대중의 귀에 솔깃한 글을 써서 아첨하고 있습니다. 오늘날 대중의 인기가 곧바로 돈과 연결되기 때문입니다.

그러나 어쨌든 대중에게, 권력자에게, 상급자에게 아첨을 하든지 간에 인간다운 마음을 버려두고, 자신의 탐욕을 채우기 위해 남을 기쁘게 해주는 것이라면, 모두 교언영색을 하는 일이며 그런 사람 가운데는 인간다운 사람이 드물다는 게 공자의 생각입니다.

한결같은 사람만이라도

"없으면서 있는 체 하고 비웠으면서도 가득한 체 하고 약소하면서도 넉넉한 척 하면 한결같은 마음을 지니기 어려울 것이다."

무 이 위 유　　허 이 위 영　　약 이 위 태　　난 호 유 항 위
亡而爲有하며 虛而爲盈하며 約而爲泰면 難乎有恒矣니라　「술이」

亡: 없다 | 虛: 비다 | 盈: 차다 | 約: 빈곤하다, 약소하다 | 泰: 넉넉하다 | 難: 어렵다

恒: 변함이 없다, 한결같다

원문의 말은 공자가 "선한 사람을 내가 만나 볼 수 없다면 차라리 마음이 한결같은 사람이라도 만나보면 좋겠다"라는 말 뒤에 이어지는 말입니다. 있는 척하고 가득한 척하고 넉넉한 척 하는 것은 모두 헛되이 과장하는 행위로, 앞에 나온 교언영색을 잘하는 사람들의 태도입니다.

오늘날 외모를 꾸미거나 말을 당당하게 하는 것은 지나치지 않다면 잘못되었다고 말할 수 없습니다. 필요한 말은 해야 하고 남에게 좋은 인상을 주기 위해 외모를 꾸밀 수 있다면 꾸며야 합니다.

그러나 아는 게 없으면서도 많이 아는 척 한다든지, 가난하면서도 부자인 척 한다든지, 실력이 없으면서 있는 척 하는 것은 거짓된 행동이므로 올곧은 마음을 지니기 어렵습니다.

이것들은 지위가 높거나 영향력 있는 사람에게 잘 보이기 위해 아첨하는 말을 하거나, 또 그런 사람에게 잘 보이기 위해 낮간지럽게 표정관리를 하는 행동과 마찬가지로 남에게 실제의 모습보다 잘 보이기 위한 교언영색에 해당되는 것입니다.

교언영색은 원래 마음속으로 노리는 욕심이 있기 때문에 하는 행동입니다. 곧 이런 사람은 이익이 없다면 언제든지 변할 수 있기 때문에 바른 인간됨됨이와 거리가 멀다고 보는 것입니다. 그래서 공자는 선한 사람을 만나 볼 수 없다면 차라리 겉과 속이 다르지 않은 한결같은 사람이라도 만나 보면 좋겠다고 말했던 것입니다.

당당하게 말하자

교언영색의 영향인지 한국인들은 예부터 말 잘하는 사람을 싫어했습니다. 말만 잘하면서 말과 행동이 일치하지 않을 경우는 더 말할 필요가 없습니다. 그 때문인지 다소 무뚝뚝하더라도 입이 무거운 사람을 성실한 사람이라고 여기는 경향이 있었습니다. 그래서 선거를 할 때도 말 잘하는 후보를 별로 좋아하지 않습니다. 그 사람의 말이 상대후보보다 논리적이고 옳더라도 말입니다.

그러나 사실 말을 논리적으로 잘하는 것과 그냥 말로 '립 서비스'를 하는 것은 다릅니다. 자신의 생각을 논리적으로 말해서 상대방을 설득시키는 것은 현대인이 갖추어야 할 중요한 덕목 가운데 하나입니다. 그래서 침묵은 금이 되어서는 안 될 것입니다.

그러니 아는 것을 자랑하기 위한 것이 아니라면 당당하게 말해야 합니다. 특히 자신의 권리를 주장할 때는 물론이고, 진학이나 취직을 위해 면접을 볼 때는 더욱 자신 있고 논리적으로 생각을 말해야 합니다. 이 또한 평소에 훈련이 되어 있지 않다면 어렵겠지요?

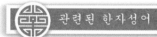 관련된 한자성어

교언영색(巧言令色)

말투를 교묘하게 하고 얼굴 표정을 예쁘게 꾸미는 것, 곧 번지르르하게 발라맞추는 말과 알랑거리는 낯빛을 일컫는 말로 「학이」편 등에서 유래.

청소년 여러분에게

청소년 여러분, 안녕하세요?

노나라 공구(孔丘)입니다. 후세 사람들이 공(孔)씨 성을 가진 큰 스승이란 뜻으로 나를 '공부자' 또는 '공자'라고 부른답니다. 이렇게 분에 넘치게 성인(聖人) 대접을 받고 있는 것도 모자라 서울의 성균관이나 전국 230여 개나 되는 향교에서 해마다 두 차례씩 내게 제사를 지내주고 있지요. 나로서는 고마운 일이지만, 마음이 그리 편하지는 않습니다.

그 이유는 세상이 나의 가르침대로 돌아가지 않기 때문입니다. 그러다 보니 얼마 전 한 설문조사에서 대한민국 고등학생의 47퍼센트가 현금 10억 원이 생긴다면 감옥에라도 갈 수 있다고 답했다고 하니 놀라움을 감추지 못했어요. 이러니 겉으로만 아무리 나를 공경해도 내 마음이 편치 않은 겁니다. 아마 내 이웃에 있는 석가모니나 예수도 나와 같은 심정일 겁니다. 물론 이렇게 된 게 청소년 여러분들의 잘못은 아닙니다.

첫 번째 잘못은 앞서 살았던 어른들이 당장 먹고살기 바빠서 가정에서부터 자녀들을 자상하면서도 엄격하게 교육시키지 못했기 때문이에요. 또 정치 · 종교 · 학계 등 여러 분야의 지도자들이 모범을 제대로 보여주지 못했기 때문이기도 하지요.

두 번째 잘못은 현대 자본주의의 상업문화 때문입니다. 눈만 뜨면 텔레비전이나 신문이나 인터넷에서 경쟁을 강조하고, 잘생기고 돈 많이 벌어 성공한 사람의 얘기만 소개할 뿐 가난해도 바르게 살며 인품이 고결한 사람에 대한 이야기는 눈을 씻고 봐도 없습니다. 그런 사람이 없어서가 아니라 상업적으로 이용하는 데 도움이 되지 않기 때문이지요.

그래서 돈과 인기와 출세가 성공의 기준이 되었으니 학생들이 보고 배우는 것이 다 그런 게 아니겠어요? 게다가 집에서는 영어나 수학 등 돈과 출세를 위한 공부만 강조했지, 공부보다 먼저 참된 인간이 되라고 강조하는 가정이 얼마나 됩니까? 학교에서조차 입시교육에 치여 인성교육은 겉돌고 있으니, 어쩌면 사회가 각박하고 위험해 보이는 것은 자업자득입니다. 그러니 10억만 생기면 감옥에 갈 수도 있다고 말하는 학생이 많은 것이 전혀 이상한 일도 아니고, 해마다 성적 비관으로 자살하는 학생들이 나오는 것도 한국사회의 가치관으로 볼 때 당연한 일입니다. 공부를 못해도 인간답고 행동이 바르다면 칭찬받아야 하고, 아무리 실력이 뛰어나도 행동이 떳떳치 못하다면 비난을 받아야 해요.

이렇게 세상이 살기 힘들게 된 근원적 원인을 따져, 한마디로 요약한다면 인간의 지나친 욕망 때문입니다. 그래서 내가 "자기 개인적인 욕망을 극복하고 예법으로 돌아오는 것이 인간답다"고 말한 것입니다.

사실 인류 역사상 자신의 욕망을 충실히 따른 부자들이나 권력과 명성을 가진 사람들이 끝까지 행복했다는 말을 들어보지 못했습니다. 진정한 행복은 자신의 욕망을 줄이고 현재의 삶에 만족하며 사는 데서 온다는 평범한 진리를 사람들은 잘 모르고 있습니다.

청소년 여러분은 높고 큰 꿈을 꾸되, 그 꿈이 결코 개인적인 욕망만 채우는 데 두지 마십시오. 만족을 모르는 탐욕은 또 다른 불행의 싹이 될 뿐이기 때문입니다.

제 3 부

홀로서기

당나라 때 위고라는 청년이 여행을 하다가 길거리에서 한 노인을 만났습니다. 노인은 돌계단에서 베자루를 기대고 앉아 책을 읽고 있었습니다. 위고는 노인에게 다가가 물었습니다.

"어르신, 여기서 무엇을 하고 계십니까?"

"이 세상의 혼인에 대한 일을 생각하고 있지."

"그렇습니까? 그렇다면 그 자루에는 무엇이 들어 있습니까?"

"아, 이거 말인가? 자네도 한번 보게. 이게 모두 빨간 끈인데, 뭔 줄 아는가? 이건 장차 부부가 될 사람을 맺어 주는 끈이라네. 저승에서 이 끈으로 잡아매 두면 아무리 떨어져 있어도 두 남녀는 혼인을 할 수밖에 없다네."

"그렇다면 미래에 제 아내가 될 사람도 정해 두었나요?"

"물론이지. 자네의 아내가 될 사람은 송성에 있네. 북쪽 성문 근처에서 채소를 팔고 있는 진(陳)씨 할머니가 키우고 있는 젖먹이가 바로 자네 아내 될 사람이네."

미래의 아내가 궁금한 위고는 당장 송성으로 가 보았습니다. 정말로 거지꼴을 한 할머니가 어린 아기를 업고 채소를 팔고 있었습니다. 위고는 어이가 없었습니다. 저런 거지의 딸이 자신의 아내가 될 수 없다고 생각한 위고는 아기를 죽이려고 했습니다. 그러나 일이 여의치 않아 겨우 아기의 눈썹에 상처를 내고 말았습니다.

어느덧 14년이 흘러갔습니다. 위고는 상주라는 곳의 관리가 되었고, 그곳 태수의 신임을 얻어 그의 딸과 혼인을 하였습니다. 그런데 그의 아내는 눈썹에 있는 상처 자국을 숨기고 있었습니다. 그 까닭을 묻자 아내가 이렇게 대답했습니다.

"사실 저는 태수님의 수양딸입니다. 제가 어릴 때 친아버지는 송성의 관리로 있다 돌아가셨고, 아버지의 유모가 채소 장사를 하며 저를 보살펴 주셨습니다. 눈썹의 상처 자국은 그때 어떤 젊은 남자가 저를 다치게 해서 생긴 것입니다."

그 말을 들은 위고는 '아뿔사, 이럴 수가! 14년 전 그 노인이 한 말이 사실이구나. 그렇다면 사람의 운명이란 미리 정해져 있는 것인가?'라고 생각했습니다.

인간의 운명이란 이 이야기처럼 미리 정해져 있을까요? 그렇다면 우리는 어쩔 수 없이 그 운명에 순응하며 살아야 할까요? 더 나아가 인간은 도덕이나 관습 또는 종교의 가르침을 벗어나 살 수 없는 존재일까요?

반대로 자신의 운명을 만들며 사는 길, 곧 나의 운명을 스스로 선택하여 내 삶의 주인으로 사는 길은 없을까요? 『논어』에서 이것을 배울 수 있을까요?

배움으로부터

죽을 때까지 배워야 하나?

배움에는 끝이 없다고 합니다. 흔히 평생교육이라 하는데, 이것은 학교를 졸업하고 난 이후에도 늙어 죽을 때까지 배워야 한다는 뜻입니다. 그렇다면 죽을 때까지 누구에게 배워야 할까요?

사실 모든 공부가 남에게 의존할 필요는 없습니다. 학습능력이 어느 단계에 오르면 그 다음에는 스스로 공부해서 알 수 있게 됩니다. 그뿐만이 아닙니다. 스스로 지식을 생산할 수 있는 능력을 갖출 수도 있습니다. 이런 것을 학문적으로 독립한다고 하며, 배움을 스승으로부터 독립하게 되는 것입니다.

배움에서 홀로서기를 하면 남의 말이나 선전, 선동 더 나아가 특정한 이론이나 사이비종교에 현혹되지 않습니다. 사실과 의견, 참과 거짓 주장을 구분할 수 있는 안목이 생겨 세상을 지혜롭게 살 수 있습니다. 그렇다면 어떻게 배움에서 홀로서기가 가능할까요?

 자신의 한계와 사회의 규범과 남의 말을 알아야

공자가 말했다. "천명을 알지 못하면 군자가 될 수 없고, 예를 알지 못하면 스스로 설 방법이 없고 말을 알지 못하면 사람을 판단할 방법이 없느니라."

자왈 부지명   무이위군자야   부지례   무이립야   부지언
子曰 不知命이면 無以爲君子也요 不知禮면 無以立也요 不知言이면
무이지인야
無以知人也니라 「요왈」

知: 알다, 깨닫다 ㅣ 命: 운수, 운명 ㅣ 無: 없다 ㅣ 立: 서다 ㅣ 言: 말씀

以: ~으로써(어조사)

천명(天命)이란 보통 하늘의 명령으로 알려져 있지만, 기독교처럼 인격적인 하느님을 염두에 두지 않는 한 그 말도 이해하기 쉽지 않습니다. 쉽게 말해 자신에게 주어진 분수와 한계로서 자신이 선택하거나 따르게 되는 운명을 말합니다. 더 나아가 사회나 국가 그리고 인류역사에 대한 종합적인

이해와 전망도 포함됩니다.

군자란 인격이 완성된 자로서 모든 분야에서 홀로서기가 가능한 사람을 일컫는 말입니다. 따라서 사람이 자신에게 주어진 분수와 한계 곧 천명을 모르면, 해로운 것을 보면 피하려고 하고 이익을 보면 쫓아가려고 하여 군자가 될 수 없습니다. 그러나 자신의 분수와 한계와 세상의 이치를 아는 군자는 떳떳한 이익이 아니면 쫓아가지 않고, 해롭다고 해서 내게 주어진 일을 피하려고 들지 않습니다. 그러니 천명을 안다면 자신에게 관련된 일을 스스로 알 수 있는 경지에 오른 것입니다.

앞에서 예란 고대의 예법으로 사회의 질서 유지를 위한 법도라고 말한 적이 있습니다. 오늘날로 말하면 단순한 예절의 차원을 넘어서 사회에서 보편적으로 통용되는 각종 규범이라 할 수 있습니다. 그러한 규범을 모르면 사회적으로 어떻게 행동해야 할지 몰라 스스로 독립할 수 없고 부모와 스승 또는 선배의 지도를 받아야 합니다. 그러니 사회의 보편적 규범을 알고 잘 실천하는 것도 스스로 독립하는 길입니다.

그리고 원문에서 '말'이란 말하는 사람의 마음의 소리로서 직·간접으로 그 사람의 의도와 내면세계를 표현하고 있습니다. 그 말을 듣고 잘 아는 사람은 말하는 당사자의 의도와 내면세계의 옳고 그름을 판단할 수 있습니다. 이 정도 경지에 올라야 공부에 대한 홀로서기를 할 수 있습니다.

공자는 특별한 스승 없이 공부를 했고 30세가 되어서 스스로 공부할 수 있게 홀로서기를 할 수 있었다고 합니다. 인간이 독립된 성인(成人)이 된다는 것은 여러 분야에서 홀로서기를 해야 하지만, 그 가운데서도 이러한 앎의 문제가 가장 중요한 것이 아닐까요?

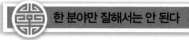

공자가 말했다. "군자는 한 군데만 쓰이는 그릇이 아니다."

子曰 君子는 不器니라 / 『위정』

不: 아니다 | 器: 그릇

군자란 또 다른 의미로 덕을 이룬 선비라 할 수 있습니다. 옛날 사람들은 인간을 그릇에 자주 비유했는데, 가령 어떤 사람에 대해서 '그릇이 크다' 또는 '그릇이 작다'라고 말하곤 했습니다. 대기만성(大器晩成)도 그런 의미로 쓰입니다. 대개 그릇이란 거기에 맞는 한 가지 용도만을 가지고 있어 다른 곳에 두루 쓰일 수 없습니다. 이렇게 본다면 그릇은 오늘날 한 가지 재주나 능력 또는 예능을 갖춘 특정 분야의 전문가라고 볼 수 있습니다.

그렇다면 군자는 이런 전문가가 아니라는 게 무슨 뜻일까요? 군자는 전문가가 되어서는 안 된다는 말일까요? 얼핏 보면 그렇게 이해될 수 있습니다만, 여기에는 보충 설명이 필요합니다. 곧 군자의 행동은 덕이 중심이 되어 여러 방면에 두루 통하지, 한 가지 재주에만 매여 있지 않다는 뜻입니다. 비록 한두 가지 재주가 있더라도 말입니다. 그래서 군자는 한 군데만 쓰는 그릇이 아니라고 말했습니다.

오늘날 식으로 말해서 가령 요리사는 음식만 만들 줄 알고, 의사는 병만 고칠 줄 알고, 법관은 법만 알아서는 그 분야의 전문가는 될지언정 지성인은 못 된다는 뜻입니다. 왜 그럴까요? 바로 지성인은 자기가 쌓은 덕이 생활의 중심을 이루기 때문입니다. 뛰어난 요리사나 의사, 법관이라 할지라도 인간의 본질과 시민으로서의 도리, 역사와 세상의 이치를 알고 자신의 삶에서 그 가치를 실천해야 비로소 지성인이 될 수 있습니다.

예전에 사이비종교가 세상을 떠들썩하게 한 사건이 있었습니다. 그 신도들 가운데는 의사나 교수 등 사회적으로 전문가로 인정받는 사람들도 있었습니다. 그런데 왜 그런 종교에 빠져들었을까요? 비록 한 분야의 전문가였지만, 거짓 종교를 냉철하게 판단하는 능력이 없었기 때문입니다. 인간과 역사와 종교의 본질에 대한 종합적이고 철학적인 지혜가 부족했습니다.

요즘 여기저기서 인문학 붐이 일고 있는 것은 바로 이런 배경과 관계가 있습니다. 인문학이란 인간이 무엇인지 인생의 가치가 무엇인지 역사가 어떠한지 생각하는 힘을 길러주기 때문입니다. 그리고 무엇보다 인문학을 공부하면 정신적으로 홀로서기를 배울 수 있습니다. 여러분들이 『논어』를 읽는 이유 가운데 하나도 바로 여기에 있습니다.

스스로 배워보자

보통 사람도 배움에서 홀로서기를 할 수 있을까요? 물론 가능합니다. 그러나 오늘날 초·중·고생은 물론, 대학교를 졸업한 이후에도 학교에서 배운 것이 모자라 학원을 통해서 해결하려고 합니다. 모든 공부를 오로지 과외나 학원을 통해서 배우는 일이 가장 위험한 점은 스스로 공부할 수 있는 능력을 키우지 못하고, 남에게 의존해 배우는 데만 길들여진다는 점입니다. 이렇게 수동적으로 배우다 보면 홀로서기에서 점점 멀어집니다.

처음 배울 때에는 누구나 훌륭한 스승으로부터 배우는 것이 당연합니다. 그리고 어른이 되어서도 특수한 분야, 가령 예술이나 학문에 종사하는 사람들은 스승의 지도가 꾸준히 필요합니다. 그러나 어느 단계에 오르면 스승의 도움 없이 스스로 독립하게 됩니다.

그런데 일반교양을 쌓기 위해서 스스로 공부하는 방법으로 독서만큼 좋은 방법은 없습니다. 독서는 전통적으로 가장 많이 사용되었고, 또 검증된 자기 교육법입니다. 그럼에도 불구하고 불황을 겪는 출판사가 많다 하니, 요즘 사람들이 얼마나 책을 안 읽는지 알 수 있습니다.

독서를 소홀히 하면 스스로 지식의 노예가 되는 길로 가기 쉽습니다. 지식의 노예는 개인적 문제에서 끝나는 것이 아니라 가족과 사회는 물론 국가의 장래를 위태롭게 합니다.

 관련된 한자성어

군자불기(君子不器)

군자는 일정한 용도에만 쓰이는 그릇과 같은 것이 아니라는 뜻으로, 군자는 한 가지 재능에만 얽매이지 않고 두루 살피고 원만하다는 말로서 「위정」편에서 유래.

가족·친구로부터

캥거루족

성인(成人)이라는 기준을 단지 나이만으로 말하기는 어렵습니다. 지금도 세계 어떤 곳에서는 용기나 능력을 시험하여 성년의식을 통과해야만 성인 대접을 받기도 하고, 또 청소년이 고등학교를 졸업하면 부모의 집을 떠나야 하기도 합니다. 그 입장에서 보자면 오늘날 부모로부터 등록금을 꼬박꼬박 도움받는 대부분의 우리나라 대학생들은 진정한 성인이라 말하기 어렵습니다.

그런데 학업을 마치고도 경제적 능력이 부족해 계속 부모의 도움을 받는다면 성인의 역할을 제대로 못한다고 할 수 있습니다. 이렇게 성인이 되어서도 부모에게 의존해 사는 젊은이들을 '캥거루족'이라 부릅니다. 비록 취업에 실패해 어쩔 수 없이 그런 사람도 많겠지만, 스스로 독립을 해야 캥거루족을 면할 수 있습니다.

따라서 우리가 성장하여 성인이 된다는 것은 가족이나 친지 그리고 친구로부터 경제적으로나 정신적으로도 독립을 해야 합니다. 『논어』에서는 이것을 어떻게 말하고 있을까요?

 사해형제

사마우가 말했다. "남들은 다 형제가 있는데 나만 홀로 없다." 자하가 그 말을 듣고 말하기를 "내가 듣기로는 '죽고 사는 것에는 운명이 있고 부귀는 하늘에 달렸다'고 하는데, 군자가 경건하여 과실이 없고 남에게 공손하고 예법을 지키면 세계의 모든 사람들이 다 형제이니, 군자가 형제가 없음을 어찌 근심하겠는가?"

司馬牛 憂曰 人皆有兄弟어늘 我獨亡로다 子夏曰 商은 聞之矣로니
死生有命이오 富貴在天이라호라 君子 敬而無失하며 與人恭而有禮면
四海之內가 皆兄弟也니 君子何患乎無兄弟也리오 (안연)

憂: 근심하다 | 皆: 모두 | 獨: 홀로 | 敬: 삼가다 | 恭: 공손하다 | 何: 어찌

患: 근심하다

156

사해(四海)는 당시의 세계관에서는 천하를 말합니다. 사면이 바다로 둘러싸여 있다고 여겼기 때문입니다. 사마우는 공자의 제자로 이름은 이(犂)입니다. 그에게는 원래 환퇴(또는 상퇴)라는 형이 있었는데, 그는 송나라 사람으로서 한때 송나라 제후를 시해하려 했고 공자를 죽이려고 한 적도 있었습니다. 그는 조나라에서 반란을 일으키다 실패하자 이 나라 저 나라로 도망하며 떠돌고 있었습니다. 주희의 주석에서는 그가 장차 붙잡혀 죽을 것을 근심해서 동생인 사마우가 이렇게 말했다고 합니다.

자하도 공자의 제자로서 이름은 상(商)인데, 그가 들었다고 한 것이란 바로 공자의 가르침을 말합니다. 자하의 생각은 자기에게 주어진 운명이나 조건을 편안하게 여기고 군자처럼 자기 몸을 닦아 남을 공경하고 예법으로 대하면 천하 사람들이 형제처럼 가까워질 수도 있다는 말입니다.

그러나 주석가들은 자하가 이렇게 말한 것은 사마우가 근심을 위로하기 위해서 한 말이며, 실제로 자하는 자신의 말을 실천하지 못했다고 비판하였습니다. 거기에는 특별한 이유가 있습니다. 사실 고대 중국 사람들은 씨족 중심으로 사회를 형성하여 가족 단위 생활을 했기 때문에 부모와 형제 관계를 매우 중시해 왔습니다. 공자의 사상을 이은 유가 또한 이런 가족 중심의 관계를 중요하게 여겼습니다.

그런 입장에서 볼 때 자하가 자신의 몸을 닦고 덕을 쌓아 남과 올바른 관계를 유지하면 천하 사람들이 형제자매가 된다는 말, 그 자체를 매우 생뚱맞다고 여겼던 것 같습니다.

어쨌든 그런 평가와 상관없이 자하는 오늘날 매우 중요한 사상을 말했습니다. 바로 이성(理性)을 가진 사람의 입장에서 사해동포주의를 말한 것입니다. 즉 군자처럼 행동하면 세계 모든 사람이 형제가 될 수 있다는 점입니다. 자하의 말에서 이성적 인간으로서 같은 가치와 공동의 목표를 위해 혈연적 관계를 초월할 수 있는 끈끈한 연대의식을 발견할 수 있습니다.

여기까지 나아가면 부모 형제가 있든 없든 홀로서기를 할 수 있을 것입니다. 물론 오늘날도 여전히 부모 형제와 관계를 맺고 사는 것은 당연한 일입니다. 그러나 그 가족적인 관계를 뛰어넘어 세계인이 공감하는 보편적 가치를 위해 헌신해야 성숙한 개인이 될 수 있습니다.

충고할 수 없으면 그만두라

자공이 친구를 사귀는 법에 대하여 묻자 공자가 말했다. "충고하여 잘 인도하되, 더 이상 할 수 없으면 그만두어 스스로 욕을 먹지 않게 하라."

子貢이 問友한대 子曰 忠告而善道之하되 不可則止하여 無自辱焉이니라

『안연』

友: 벗 | 忠: 참마음 | 告: 알리다 | 善: 잘 | 道: 이끌다 | 止: 그치다 | 自: 스스로
辱: 욕, 수치

자공은 공자의 제자로 앞에서 소개되었습니다. 충고는 진실된 마음을 다

해 부드러운 말로 이치에 맞게 잘 타이르는 것으로 오늘날 쓰이는 용법과 같습니다. 친구에게 충고를 계속하되 더 이상 듣지 않으면 그만두어야 합니다. 그렇지 않고 계속 하다 보면 그 친구와 사이가 벌어지고 결국 친구로부터 수치를 당하게 됩니다.

여기서 참다운 친구를 사귄다는 것은 끼리끼리 좋아서가 아니라, 서로의 잘못을 바로잡아 주기 위한 것입니다. 그 친구의 행동이 옳은 도리에 어긋났을 때 충고를 하는 것입니다. 따라서 친구는 나의 거울이며 서로 잘되라고 충고를 하는 것인데, 서로 독립된 인격을 가지지 못하면 충고를 할 수 없습니다.

그러므로 독립된 인격과 가치를 지니고 있지 않으면 진정한 친구가 되기 어렵습니다. 만약 친구를 따르거나 부리기만 하면 주종(主從)관계가 될 것이고, 친구에게서 배우기만 한다면 사제(師弟)관계가 될 것입니다. 친구에게 의존하지 말고 홀로 설 수 있어야 진정한 친구 관계를 유지할 수 있습니다.

우리는 흔히 같은 동네에 살아서 어릴 때부터 같이 놀다보니까 또는 같은 반이어서 동창이어서 아니면 같은 종교나 취미를 가져서 친구로 사귀는 경우가 많습니다. 물론 이것은 자연스런 현상이지만, 그러다가 성인이 되면 그 친구들과 멀어지기도 하고 더 가깝게 되기도 하고 그대로인 경우도 있습니다. 멀어지는 경우는 서로의 뜻이나 격이 맞지 않기 때문입니다. 더 가까워지는 경우는 뜻이 서로 맞거나 아니면 서로 이용해 먹기 위해서입니다. 그대로인 것은 옛날 추억으로 만나는 것입니다. 뜻이란 추구하는 가치를 말하고, 격이란 경제적·사회적 지위나 인품을 말합니다.

여러분들은 뜻이 맞는 친구, 이용하는 친구, 추억으로 만나는 친구 가운데 어떤 친구를 사귀고 싶습니까?

장차 보호자가 되어야

어린 아이들이나 미성숙한 사람들이 부모나 보호자를 의지하는 것은 당연한 일입니다. 그러다가 청소년들도 자라면 언젠가 누구의 보호자가 되어야 합니다.

심리학자들은 인간이 부모나 형제에게 지나치게 의존적이면 미성숙하다고 봅니다. 이와 비슷하게 일부 종교인들 가운데도 미성숙한 사람들이 있습니다. 그들은 계속해서 누구로부터 보호받고자 하는 정신적 유아(幼兒) 상태로 남아 있기 때문입니다.

청소년은 누군가의 보호를 받아야 하지만, 정신적으로는 독립하려고 무척 애를 쓰는 시기입니다. 여러분들이 의식하지 못해도 이미 그 단계에 접어들었을 겁니다. 사춘기라는 시기에 나타나는 특징 가운데 하나가 바로 그것이기 때문입니다. 그래서 부모님 말씀에 반항하기도 하고 이유를 대기도 하며 따지기도 합니다. 겉으로는 말을 안 해도 속으로 그렇게 하는 학생도 있을 겁니다. 이런 현상이 꼭 나쁜 것만은 아닙니다. 바로 여러분들이 정신적으로 홀로서기를 해 가는 자연스러운 과정이라 생각하면 됩니다.

문제는 경제적으로 독립하는 것인데, 그것이 안 되면 정신적으로 독립하기 어렵습니다. 그래서 자라는 시간이 필요하고, 또 열심히 노력해서 밥벌이를 해야 하는 겁니다. 밥벌이를 위해서 꼭 학교 공부만 해야 하는 것은 아니지만, 지금까지는 학교를 졸업하고 일자리를 찾는 것을 가장 손쉬운 방법으로 알고 있기 때문에 공부를 강조하고 거기에 매달렸던 겁니다.

관련된 한자성어

사해형제(四海兄弟)

천하 사람들은 모두 동포, 형제라는 뜻으로 「안연」편에서 유래.

충고선도(忠告善導)

친구에서 잘못이 있으면 충고하여 잘 인도하라는 말로서 「안연」편에서 유래.

관습으로부터

안식일은 인간을 위해 있다

안식일은 유대교의 휴일로서 모세의 십계명에도 등장합니다. 성경을 보면 예수와 제자들이 안식일에 길을 가다가 배가 고파서 밀 이삭을 잘라 먹었는데, 그것을 본 비판자들이 안식일에 놀아야 하는데 해서는 안 될 일을 했다고 책망합니다. 그때 예수가 "안식일이 사람을 위해 있는 것이지 사람이 안식일을 위해 있는 것이 아니다"라는 유명한 말을 남겼습니다.

여기서 중요한 것은 예수가 유대교의 관습에 얽매인 것이 아니라 그것을 초월했다는 점입니다. 그것은 관습이 중요하지 않아서 무시한 것이 아니라, 그 관습이 생긴 참된 의미를 재해석하여 그 정신을 구현했다고 보면 되겠습니다.

살다 보면 이러한 관습이 생긴 의미에 충실하기보다 그 관습 자체를 지키는 것이 하나의 짐이 되는 경우가 많습니다. 그래서 관습을 지키기 위해 체면을 생각하게 되고, 그러면 또 불필요하게 시간과 돈을 낭비하게 되어 허례허식으로 끝나버리기 쉽습니다.

차라리 검소하고 슬프게

임방이 예의 근본을 물으니 공자가 말했다. "큰 질문을 하였다. 예는 그 사치스럽게 꾸미는 것보다는 차라리 검소한 것이 낫고 상례는 그 절차보다는 차라리 슬퍼하는 것이 낫다."

임방   문례지본   자왈 대재   문   예   여기사야   영검   상
林放이 問禮之本한대 子曰 大哉라 問이여 禮는 與其奢也론 寧儉이오 喪은

여기이야   영척
與其易也론 寧戚이니라   (「팔일」)

問: 묻다 | 本: 근본 | 與~寧: ~보다는 차라리 ~가 낫다 | 奢: 사치하다

儉: 검소하다 | 喪: 상례 | 易: 쉽다 | 戚: 슬퍼하다

예는 중국 고대의 예법으로 사회 질서를 유지하는 제도였습니다. 조선도 그 예법을 이어받았으며 하나의 관습으로 정착되어 지금까지 내려오는 것

이 있습니다. 대표적인 것이 관혼상제입니다.

임방은 노나라 사람으로 공자의 제자입니다. 당시 예법이 지나치게 겉치레를 나타내는 데 치중해 거기에 예법의 근본이 없을 것이라고 의심하여 이런 질문을 한 것으로 보입니다. 근본을 알면 예법의 모든 것이 그 안에 있기 때문입니다. 근본이란 오늘날로 말하면 기본 정신이라 할 수 있습니다.

공자 또한 당시 사람들이 예법의 말단만 좇는 것을 보았는데, 마침 임방이 홀로 예법의 근본에 뜻을 두었으므로 이렇게 좋은 질문을 했다고 반겼습니다. 그런데 공자는 여기서 '차라리 ~하는 것이 낫다'고 하여 '어떻게 하는 것이 가장 좋다'고 말하지 않았습니다. 다시 말하면 차선책을 제시했지 최선을 말하지 않았습니다. 왜 그럴까요? 바로 허례허식에 치중하다 보면 예법의 기본정신마저 잃기 때문입니다.

그렇다면 예법은 어떻게 하는 것이 가장 좋을까요? 사실 예에는 두 가지 요소가 있습니다. 이것은 인간의 행동과 예술에도 적용되는 것이지만, 바로 바탕과 꾸밈입니다. 가령 음악에 비유하면 감정이라는 바탕만 충실하면 퇴폐적이고 야만스러워져 천박하기 쉽습니다. 반면에 형식과 꾸밈에만 충실하면 알맹이 없는 공허한 기교만 난무하게 됩니다. 결국은 바탕과 꾸밈이 적절히 조화를 이루어야 훌륭한 음악이 되는 것처럼 예법도 그러한 것입니다.

공자는 상례의 경우 지나치게 형식적인 절차와 겉치레에 치중하면 슬퍼하는 마음이 적어지기 때문에 차라리 바탕이 되는 슬퍼하는 마음이 낫다고 말했습니다. 왜냐하면 상례의 바탕은 슬퍼하는 것이고 꾸밈은 절차이기 때문입니다. 이렇게 상례는 슬픔과 절차가 적절히 조화를 이루어야 하니다. 꾸미기만 하거나 슬퍼하기만 하는 것은 모두 예법에 부합되지 않는 것입니다.

예법의 기본정신에서 벗어나 지나치게 겉치레로 꾸미고 절차대로 쉽게 처리해 버리는 당시의 관습에 대해서 공자는 못마땅하게 생각하고, 그럴 바에야 차라리 검소하거나 슬퍼하는 것이 낫다고 본 것입니다. 바로 당시의 관습에 대해 얽매이지 않는 비판적인 생각을 드러낸 것입니다.

다름을 존중하는 문화

공자가 말했다. "군자는 화합하지만 부화뇌동하지 않고 소인은 부화뇌동하면서 화합하지 못한다."

子曰 君子는 和而不同하고 小人은 同而不和니라 (『자로』)

和: 화합하다, 조화를 이루다 | 同: 같게 하다, 같아지려고 하다

군자는 덕을 쌓아 인격을 완성한 사람입니다. 소인은 자신의 욕망을 따라 이익을 좇는 사람입니다. 사람은 사실상 소인으로 태어나지만, 제각기 성장하면서 꾸준히 덕을 쌓아 인격을 완성한 군자가 되기도 하지만, 대다수는 소인으로 생을 마감합니다.

군자는 항상 전체를 보고 조화를 꾀하여 화합하려고 애씁니다. 왜냐하면 전체를 보면 사람이나 집단마다 다 그럴 만한 이유와 처지가 있기 때문에 어떤 한 사람이나 집단을 구석에 몰아붙일 수 없기 때문입니다. 그래서 타인의 생각이나 의견이 자신의 그것과 달라도 비난하지 않고 이해하려고 애씁니다. 그렇다고 해서 군자가 모든 사람들의 생각이 다 옳다고 공감해 주는 것은 아닙니다. 군자에게는 지켜야 할 원칙과 기준이 있기 때문에 옳지 않다면 군자의 생각을 절대로 바꿀 수 없기 때문입니다.

반면에 소인은 남의 생각이나 의견이 자기의 그것과 같지 않으면 무척 분노하며 배척하려고 애씁니다. 상대방의 생각이나 의견이 자기와 같아지기를 요구합니다. 그래서 남과 화합을 이루지 못하고 생각과 뜻이 맞는 사람끼리만 상대하는 '패거리 문화'를 만듭니다. 그래서 소인들은 거기서 따돌림을 당하는 것이 무서워, 싫어도 자신의 감정이나 생각을 말하지 못하고 어쩔 수 없이 그 패거리 문화를 충실히 따르게 됩니다.

사실 관습에 있어서도 군자와 소인의 태도가 엇갈립니다. 소인은 그 관습을 충실히 따르고 벗어나지 않으려고 애쓰고, 그 절차와 형식에 지나치게 집착합니다. 누군가 그 관습을 따르는 방식이 자기와 다르면 조롱하기도 합니다. 그는 되도록이면 관습을 통해 자기의 재력과 능력을 과시하고자 하고 또 인간관계를 돈독히 하고자 합니다.

반면 군자는 관습을 존중하여 굳이 철폐하려고 애쓰지는 않지만, 그것을 통해 조화를 이루려고 하나 거기에 얽매이지 않고 자유롭습니다. 누가 관습을 나와 다른 방식으로 따르더라도 존중하며 비난하지 않습니다. 관습이란 처음부터 하늘에서 떨어진 불변의 원칙으로 정해진 것이 아님을 잘 알기 때문입니다. 다시 말해 서로 돕고 위로하고 축하하고 단합하기 위해 관습이 있는 것이지, 관습 자체를 위해 인간이 있지 않다는 사실을 잘 알고 있기 때문입니다.

전통과 관례

학교에도 전통이 있고, 선후배 사이에도 나름대로 전통과 관례라는 것이 있습니다. 혹 여러분은 전통이나 관례를 부당하게 강요한 적은 없었습니까?

언젠가 대학생들이 신입생 환영회에서 관례라며 억지로 술 마시기를 강요한 나머지 신입생이 사망한 적도 있었습니다. 잘못된 관례를 강요하다가 발생한 어처구니없고 안타까운 사고입니다.

청소년 여러분에게 앞으로 이와 비슷한 사례는 얼마든지 생길 수 있습니다. 학교든 군대든 직장에서든 말입니다. 좋은 뜻으로 통과의례라고 하지만 고약한 것도 꽤 많습니다. 이럴 때 여러분은 어떻게 행동해야 할까요? 조화와 화합을 생각해서 따르는 척이라도 해야 할까요? 그게 아니라면 용감하게 불이익을 감수하고서라도 거부해야 할까요?

그러나 무엇보다 경계해야 할 것은 그 문화를 즐기며 거기에 동화하려고 노력해서는 안 된다는 점입니다. 신입생 때는 그 관례를 싫어했다가 자신이 선배가 되면 더 가혹하게 지키는 사람들도 있습니다. 그곳을 거쳐 간 수많은 현명한 선배들은 어떻게 처신했는지 살펴보십시오. 지나고 나면 그런 것도 다 하찮은 것입니다. 거기에 인생을 걸면 안 됩니다. 못난이들만 꼭 그런 것에 핏대 올리고 열성을 다하는 법입니다.

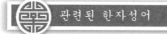

화이부동(和而不同)

남과 조화롭게 지내기는 하나 무턱대고 어울리지는 아니한다는 뜻으로 「자로」편에서 유래.

동이불화(同而不和)

부화뇌동하면서 남과 조화롭게 어울리지 못하는 뜻으로 「자로」편에서 유래.

도 덕 의 주 체 로

산타클로스는 있는가?

산타클로스가 있다고 믿는 어린이들이 많다고 합니다. 그래서 한 해 동안 착한 일을 많이 하여 크리스마스에 좋은 선물을 받고자 하는데, 부모들이 아이들에게 산타클로스가 없다고 말하지 않는 이유 가운데 하나는 그렇게 말했다간 착한 행동으로 보상받는 아이들의 꿈을 없애기 때문이랍니다. 그래서 산타클로스가 없다는 것을 스스로 알 때까지 굳이 알려주지 않는다고 합니다.

많은 사람들의 도덕적인 행동에 대한 동기는 이 어린이들과 본질적으로 다르지 않습니다. 왜냐하면 사람들이 도덕적으로 행동하는 이유는 훗날 죽어서 신에게 보상을 받기 위해서거나, 부모나 친구 또는 사회로부터 비난을 면하고 칭찬이나 명성을 얻기 위한 것이기 때문인데, 공통적으로 도덕적 행동의 동기가 '나의 바깥'에 있다는 점입니다.

그러나 나의 외부에 그러한 행동 동기가 없다면 도덕적으로 행동하지 않을 가능성이 있기 때문에 진정한 도덕은 거기에 있지 않습니다. 참된 도덕은 외부의 누군가에게 눈치 보지 않고, 내가 옳다고 여기기 때문에 행동하는 것입니다.

 도덕의 자각

공자가 말했다. "하늘이 내게 덕을 주었는데 환퇴가 나에 대해 어떻게 하겠는가?"

子曰 天生德於予하니 桓魋其如予에 何리오 『술어』

生: 낳다 | 德: 덕 | 於: ~에게 | 予: 나 | 如: ~에 대해서, 맞서다 | 何: 어찌, 어떻게

환퇴는 춘추시대 송나라의 사마(司馬, 오늘날의 국방장관) 벼슬을 지낸 상퇴(向魋)이며 공자의 제자인 사마우의 형입니다. 앞에서 소개했는데 본문의 말은 공자가 한때 송나라에 갔을 때 환퇴가 공자를 죽이려고 하자 공자

가 한 말입니다.

여기서 공자는 하늘을 빗대서 자신은 결코 잘못되지 않는다는 자신감과 함께 자신이 지닌 정신적 가치에 대한 강한 자부심을 드러내고 있습니다. 그렇다고 해서 공자가 하늘에 대한 종교적 믿음을 가진 것은 아닙니다. 뒤에서 밝히겠지만 공자에게는 하늘이 종교적 믿음의 대상이 아닙니다. 다만 도덕적 확신에 대한 근거로서 하늘을 거론할 뿐입니다. 가령 우리가 억울한 일을 당했을 때 '하늘이 알고 땅이 안다'고 할 때의 바로 그 하늘과 같은 것입니다.

사실 공자의 이 말에서 중요한 점은 '하늘이 내게 덕을 주었다'는 말입니다. 덕이란 쉽게 말해 도덕적 행동을 할 수 있는 능력입니다. 이것은 인간이 신이나 어떤 외부적 권위에 기대지 않고 스스로 도덕을 자각하여 책임감 있게 행동한다는 점을 선언한 말입니다. 인간이 도덕의 주체라는 뜻입니다.

그런데 여러분은 스스로 많이 안다고 생각하지만, 이런 도덕적 행동을 할 수 있는 능력은 아직 제대로 갖추지 못했습니다. 그렇기 때문에 텔레비전이나 신문에서 말한 것을 곧이곧대로 믿기도 하고, 유명인이 그럴듯하게 말하거나 인기 많은 사람이 어떤 이슈에 대해서 정치적인 선동을 하면 쉽게 넘어가기도 합니다.

그러나 이것만은 확실히 알아야 합니다. 어떤 사건에 대해서 스스로 정확한 판단을 하려면 무척 어렵다는 점입니다. 사실관계를 파악하기도 힘들지만 설사 사실을 알더라도 종합적으로 옳고 그름을 판단하는 것은 고도의 지적이고 도덕적 능력이 필요하기 때문입니다. 그래서 권위 있는 사람의 판단을 따르기도 하지만, 그 사람의 판단이 언제나 옳은 것은 아니기 때문에 공부를 많이 해야 합니다.

선비정신

공자가 말했다. "선비로서 편해지기를 생각하면 선비라 하지 못할 것이다."

子曰 士而懷居면 不足以爲士矣니라 (『헌문』)

士: 선비 | 懷: 생각을 품다 | 居: 거처하다 | 足: 족하다

공자가 살았던 춘추시대의 사(士)는 보통 우리가 말하는 선비와는 뜻이 약간 다릅니다. 선비로 번역되는 사(士)는 위로 대부(大夫)와 아래로 서민 (庶民) 사이에 있는 계급으로서, 녹봉을 받고 정치와 행정을 돕는 문사(文 士)와 전쟁에 참여하는 무사(武士)가 있었습니다. 한마디로 전문 직업인이 었습니다. 공자의 아버지는 하급무사였으므로 공자 또한 이 사 계급에 속 했습니다. 그러나 공자가 말하는 사는 거기에 도덕성을 강조하였으므로 오 늘날 선비 또는 지식인이라 말해도 크게 어긋나지는 않습니다.

여기서 선비가 편해지기를 생각한다는 것은 육체적으로 안락한 생활을 꿈꾼다는 뜻이지만 그 이면에는 물질적 이익만 좇는 것으로, 당시의 사정 으로 보자면 토지나 벼슬을 탐하는 것이라 말할 수 있습니다. 오늘날 입장

에서 보면 돈이나 권력이나 명성(인기)을 탐하는 것입니다.

언뜻 이 말을 선비 또는 지식인은 경제적 이익이나 벼슬을 얻어서는 안 된다고 잘못 이해할 수 있습니다. 선비는 수도승처럼 일체의 경제적 이익이나 관직을 바라서는 안 된다고 생각하면 안 됩니다. 정당한 벼슬과 경제적 이익은 당연히 취할 수 있습니다.

이 말의 핵심은 선비가 평소에 추구하는 가치가 어떤 것이어야 하느냐에 있습니다. 선비는 일단 벼슬을 하면 개인의 이익보다는 공적인 업무에 충실하여 사회의 정의가 실현되도록 힘씁니다. 만약 벼슬이 없다면 자신을 수양하고 학문에 힘써 도덕적 실천에 노력하고 교육에 전념하였습니다. 바로 공자가 보여준 모습입니다.

춘추시대의 이런 사 계급에 해당하는 조선시대의 계층은 이른바 사족 또는 사대부라 불리던 양반이었습니다. 양반은 과거에 급제하여 벼슬을 하든지 벼슬이 없으면 학문을 닦고 수양하며 교육에 힘썼습니다. 물론 조선시대 선비가 직접 농사를 짓거나 장사를 하는 일은 드물었고, 소유한 토지가 있다면 노비들이나 소작인들이 대신 농사를 지었습니다.

그리고 선비들은 『논어』의 이 가르침대로 한 몸의 편안함을 생각하지 않고 살기 좋은 나라를 만들기 위해 노력하였습니다. 임금이 정치를 잘못하면 상소를 올려 이를 비판하였으며, 외적이 침입하면 의병을 모집하여 나라를 구하는 데 앞장서 싸웠습니다. 우리가 잘 아는 임진왜란 때 의병장 정인홍이나 홍의장군 곽재우, 고경명, 조헌 같은 분이 바로 그런 선비입니다. 구한말 일제 침략에 맞서 싸운 선비들이나 안중근 같은 분의 의로운 행동도 바로 이런 선비정신에서 나온 것입니다. 흔히 나라와 민족을 위해 돌아가

신 분의 이름 뒤에 의사(義士), 열사(烈士), 지사(志士) 등 선비 사(士)자를 붙여 일컫는데, 바로 이런 선비정신을 기리기 위해서입니다.

이렇듯 선비는 나라가 잘 될 때나 어려울 때나 자기 한 몸만 편안하길 바라지 않았습니다. 그것은 선비들이 한 시대 지식인으로서 높은 도덕성을 지녔기 때문입니다. 이들은 세상일에 대해서 스스로 도덕적 판단을 할 수 있는 위치에 있었기 때문에 자신의 양심에 비추어 떳떳하게 나섰습니다.

지식인의 역할

오늘날 옛 선비의 역할을 하는 사람들을 지식인이라 할 수 있습니다. 아무리 학력이 높아도 국가나 사회가 어떻게 되든 전혀 관심 없이 오직 자신의 이익을 위해서만 산다면 진정한 지식인이라 할 수 없습니다. 지식인은 고도의 전문적 지식과 비판적인 안목을 갖춘 사람인데, 사회정의에 대해 책임의식을 가진 사람입니다. 개인의 편안함만 추구하는 사람은 지식인이 아니기 때문입니다. 따라서 지식인이라면 크고 작은 각자의 활동을 통하여 현실의 부조리한 모습을 비판하고 대안을 내놓고 또 그를 이루기 위해 실천해야 합니다.

만약 여러분의 장래 꿈이 학자나 의사, 변호사나 법관, 교수나 작가, 예술가라면, 자신의 분야에서 지식인의 역할을 다할 각오를 해야 합니다. 만약 돈을 많이 벌기 위해서나 명성을 얻기 위해서 이런 직업을 선택하려고 한다면 일찌감치 포기하는 것이 낫습니다. 지식인에게는 보통 사람과 달리 이러한 사회적 책임이 요구되는 것이며, 그 사회가 잘못되는 것 또한 전적으로 이런 지식인들이 자신의 역할을 게을리한 탓이기 때문입니다.

관련된 한자성어

천생덕어여(天生德於予)

하늘이 나에게 덕성을 부여했다는 뜻으로 도덕적 자부심이 들어난 말로서 「술이」편에서 유래.

물질과 신분으로부터

여러분 부자 되세요

여러분들은 어떤 꿈을 가지고 있습니까? 1970년대 이전에 우리나라에서 태어난 사람들은 일부 부잣집을 제외하고는 대체로 가난하게 살았습니다. 따라서 당시 국민들 대다수는 잘사는 게 꿈이었습니다. 영화에 나오는 한 장면처럼 수영장이 딸린 큰 저택에서 자가용을 굴리고 배부르게 먹는 게 많은 어린이의 꿈이 되기도 했습니다.

요즘도 사람들은 부자가 되는 것을 좋아합니다. 노래가 끝나면 '여러분, 부자 되세요'라고 외치는 대중 가수도 있고, 한때 부자 되는 법에 관한 책이 날개 돋친 듯 팔리기도 했습니다.

어쨌든 고금을 막론하고 보통 사람들은 부자가 되거나 신분이 높아지기를 바라고 있습니다. 누구나 부자가 되고 신분이 올라갈 수 있을까요?

 돈과 신분에 초연할 수 있어야

공자가 말했다. "부자가 되고 신분이 높은 것은 사람이 바라는 것이나 정당한 방법으로 얻은 것이 아니면 누리지 않으며, 가난하게 되고 신분이 낮은 것은 사람이 싫어하는 것이나 정당하게 돌아온 것이 아닐지라도 피하지 않는다."

> 자왈 부여귀   시인지소욕야   불이기도   득지   불처야   빈여천
> 子曰 富與貴는 是人之所欲也나 不以其道로 得之어든 不處也하며 貧與賤이
> 시인지소오야   불이기도득지   불거야
> 是人之所惡也나 不以其道得之라도 不去也니라   「이인」

富: 부유함 │ 貴: 신분이 귀함 │ 欲: 바라다 │ 道: 방법 │ 得: 얻다 │ 處: 머물다

貧: 가난 │ 賤: 신분이 낮음 │ 惡: 싫어하다 │ 去: 떠나다

본문을 읽으면서 무슨 생각을 했습니까? 혹시 공자는 참 바보 같은 생각을 하고 있다는 생각을 하지 않았습니까? 배고프고 가진 게 없는 사람이 이것저것 따지겠냐고, 아직도 배부른 소릴 한다고 하겠지요?

사실 "정당한 방법으로 얻은 것이 아니라면 누리지 않는다"는 것쯤은 누

구나 들어왔습니다. 정작 도덕 교과서를 보면 정직하게 법과 규칙을 지키라고 하지만, 그걸 곧이곧대로 지키는 사람이 바보라는 생각이 통한 지는 이미 오래 되었습니다. 심지어 부모들도 자기 자녀가 너무 착하게 사는 것을 걱정하기도 합니다. 자녀가 세상물정 모르는 순진한 바보가 되길 원치 않기 때문입니다.

그러니까 공자의 이 말대로 사는 사람은 순진한 바보입니다. 지금까지 이른바 출세하거나 잘사는 사람들 다수가 그렇게 살아오지 않았다는 것을 누구나 알고 있습니다. 법을 위반해도 들키지 않으면 되고, 또 법에 걸리지 않게 법의 허점을 잘 이용하면 되니까요. 남을 속이거나 거짓말 따위로 더 큰돈을 벌 수만 있다면 그런 것도 그 사람의 능력으로 찬양되지 않습니까? 설령 법을 어겨서 들키더라도 돈으로 해결하면 그게 남는 장사라고 생각하니까요.

더구나 "가난하게 되고 신분이 낮은 것을 사람들이 다 싫어하지만, 그것이 내게 부당하게 온 것이라 할지라도 굳이 피하지 않는다"는 말은 더욱 이해가 안 될 것입니다. 보통 사람들은 자기의 불행이 부당하게 왔다고 생각하면 남을 탓하고 벗어나기 위해 노력합니다. 심지어 그것이 부당하게 온 것이기 때문에 수단방법을 가리지 않고 벗어나려고 합니다. 뭐가 잘못되었나요?

그러나 공자의 생각은 부당하게 부자가 되고 신분이 높아지는 것은 물론이고, 낮은 신분이나 가난에서 기어이 벗어나려고 수단방법을 가리지 않고 발버둥치는 모습은 훌륭한 인품을 지닌 군자가 할 일이 못 된다는 것입니다.

이렇게 보면 군자는 물질이나 신분에 얽매이지 않고 자유롭습니다. 돈이나 높은 신분을 굳이 싫어하는 것은 아니지만, 어떤 위치에 있든지 그 안에 즐거움이 있어 가난이나 낮은 신분이 자신의 뜻과 즐거움을 바꾸지 못하게 합니다. 이런 길은 아무나 갈 수 없지만, 존경스럽게도 역사 속에서나 우리 주변에서 이런 군자다운 사람들을 드물게 만날 수 있습니다. 여러분도 찾아보시기 바랍니다.

 부자가 못 될 바에야 내가 좋아하는 것을 한다

공자가 말했다. "부자가 될 수 있다면 비록 채찍을 잡는 선비라도 나 또한 하겠지만, 될 수 없다면 내가 좋아하는 것을 하리라."

자왈 부이가구야   수집편지사   오역위지   여불가구
子曰 富而可求也라면 雖執鞭之士라도 吾亦爲之어니와 如不可求라면
종오소호
從吾所好하리라 『술이』

可: 가능하다 | 求: 구하다 | 雖: 비록 | 執: 잡다 | 鞭: 채찍 | 吾: 나 | 爲: 하다

從: 따르다 | 好: 좋아하다

여기서 '채찍을 잡는다'의 뜻은 귀인이 지나갈 때 채찍을 들고 길을 터주는 일이나 시장의 문지기로서 질서를 잡는 천한 일을 말합니다. 즉 공자의

말은 부자가 될 수만 있다면 천한 일도 마다하지 않겠다는 뜻입니다. 이를 보면 공자가 부자 자체를 싫어한 것은 아니라고 볼 수 있습니다. 문제는 부자가 되고 싶다고 해서 되는 것이 아니라는 데 있습니다. "부자는 하늘이 낸다."는 속담이 있듯이 부자가 되지 못할 것을 하나의 운명으로 받아들였던 모양입니다.

사회가 신분적으로나 계층적으로 이동이 어려운 때는 이런 생각을 하게 됩니다. 우리나라도 한때 경제가 빠르게 성장할 때는 부자들이 많이 생겼습니다. 그러나 금융위기 사태가 일어나고 경기 불황이 계속되자 빈부 격차가 더 커져서 대부분의 사람들은 부자가 되는 일은 꿈도 못 꾸는 형편이 되었습니다. 사회의 계층 이동이 고착화 되어 부모의 사회적 지위가 곧 자식들의 사회적 지위로 연결되는 실정이지요.

학부모들은 한때 자식들이 일류대학에 입학해 졸업만 하면 좋은 직장을 얻어 잘살게 될 것이라 믿었지만, 이제는 그것이 허상이라는 것을 깨닫고 있습니다. 좋은 직장이라고 들어가 봐야 실제 근속 기간이 짧아서 요즘은 대기업 대신 안정적 직장인 공무원이나 교사를 더 선호합니다. 이런 직업은 돈을 많이 벌 수 있는 직업이 아니기 때문에 부자와 거리가 멉니다. 부모의 유산이나 친인척·배우자의 큰 도움 없이 교사나 공무원이 자신의 온전한 봉급만으로 결코 큰 부자가 될 수 없습니다.

자, 이렇게 어차피 큰 부자가 될 수 없다면 차라리 자기가 좋아하는 일을 하는 게 훨씬 나을 것 같습니다. 자기가 좋아하는 일을 하게 되면 부자나 높은 신분이 결코 줄 수 없는 진짜 즐거움과 보람을 느끼게 됩니다.

허상을 좇지 말자

청소년기는 꿈이 많을 시기입니다. 저마다 꿈을 찾기도 하고, 찾은 꿈에 비해 지금의 처지가 너무 비참해 절망하기도 합니다. 저도 그랬으니까요.

그러나 꿈이라고 다 바람직한 것도 아니고, 그것을 성취했더라도 반드시 행복을 가져다 주지도 않습니다. 요즘 청소년들이 가장 원하는 꿈 가운데 하나는 인기 연예인이나 운동선수가 되는 것인데, 이것도 예외가 될 수 없다는 뜻입니다.

이런 꿈은 대다수 청소년들이 겉으로 보이는 인기를 보고 부러워한 나머지 생긴 것입니다. 연예인이나 운동선수가 인기를 얻게 된 숨은 노력이나 투자한 비용과 운, 그리고 그것을 지망하는 사람의 소질과 능력을 고려해 보십시오. 조건이 맞지 않는 보통의 청소년들에게는 이런 꿈 역시 개꿈으로 끝날 가능성이 큽니다. 사춘기 때는 대개 그런 것을 꿈꾸다가 시간이 지나면 꿈에서 깨어 나오니까요.

게다가 이런 스타들이 노후에 반드시 행복하다고 장담할 수도 없습니다. 인기가 항상 따르는 것도 아니고, 예외 없이 늙게 되고 자신의 정신세계를 가꾸지 않으면 참된 행복은 오기 힘들기 때문입니다.

그러니 인기나 평판이 아니라 내가 정말 좋아하고, 또 잘하고 만족할 수 있는 것을 찾아야 합니다. 시간이 좀 걸리더라도 말입니다.

집편지사(執鞭之士)

신분이 귀한 사람이 나다닐 때에 채찍을 들고 따라다니며 길을 터서 치우던 사람. 「술이」편에서 유래.

종오소호(從吾所好)

자기가 좋아하는 대로 좋아서 행하는 것으로 「술이」편에서 유래.

명성으로부터

가장 인기 있는 직업

청소년들이 가장 선호하는 직업은 시대에 따라 많이 변했습니다. 6·25 전쟁 직후에는 정치가·고급공무원·법관·군인 등이 인기 직업이었고, 1970~1980년대에는 법관이나 과학자, 의사를 선호하는 학생들이 많았습니다. 그러다가 1990년대에는 한의사·컴퓨터프로그래머 등이 인기 직종의 반열에 올랐고, 2000년대 이후에는 운동선수나 연예인이 인기 항목에 추가 되었습니다.

이렇게 선호하는 직업의 흐름을 살펴보면 점차 대중의 인기를 끄는 직종이 대세를 이루고 있습니다. 당연히 인기를 끌면 돈은 따라오기 때문입니다. 그러다 보니 인기를 끌려고 안간힘을 쓰는 사람들이 늘어났습니다. 심지어 자기 이름을 널리 알리기 위하여 속이 뻔히 보이는 얄팍한 방법을 동원하는 사람들도 있습니다. 이렇게 인기나 명성을 얻고자 하는 것에 대해 어떻게 생각해야 할까요?

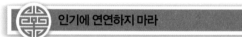 인기에 연연하지 마라

공자가 말했다. "남이 나를 알아주지 않는 것을 걱정하지 말고 내가 남을 알아보지 못하는 것을 걱정하라."

子曰 不患人之不己知요 患不知人也니라 (「학이」)

患: 근심하다 | 人: 남 | 己: 자기 | 知: 알아주다 | 不: ~하지 말라, ~하지 않다

남이 나를 알아준다는 것은 곧 나의 명성과 관계됩니다. 옛날에 알아주는 대상이란 그 사람의 덕행·학식·능력·재주·인품 등이었는데, 그것이 뛰어나면 자연히 여러 사람들의 입에 오르내리게 되어 명성을 얻게 됩니다.

공자가 이런 말을 하게 된 동기는 아마도 제자들 가운데 명성을 얻기를 바라는 사람이 많았던 모양입니다. 아니면 자신의 명성이 알려지지 않은 불만에 대한 자기반성일 수도 있습니다.

그렇다면 왜 이렇게 명성에 신경을 썼을까요? 그것은 오늘날의 인기처럼 명성이 자신의 이익과 관계되기 때문입니다. 고대에는 왕이 벼슬을 주어 관리를 임명할 때 명성을 듣고 하는 경우가 많았습니다. 특히 공자가 살았던 춘추시대에는 과거시험이 없었고, 신분은 세습되었으며 필요한 경우에 명성을 듣고 관직을 맡겼기 때문입니다.

여러분들도 친구들에게 인기가 많으면 좋겠지요? 특히 이성친구에게 인기가 많으면 더 좋고요. 저 역시 청소년 때 그랬으니까요. 그래서 인기를 얻으려고 유행에 맞는 옷을 입기도 하고 머리스타일이나 신발에도 신경을 썼습니다. 게다가 이해도 못하는 시집이나 어려운 영어원서를 들고 다니기도 했고, 유명한 오페라 아리아의 몇 마디를 외어 부르곤 했지요.

청소년들이 인기를 위해 행동하는 것은 당연한 것입니다. 그걸 나무라거나 야단칠 생각은 없습니다. 또 사업가나 연예인이나 운동선수들은 계속 인기에 신경 써야 합니다. 그래야 돈을 잘 벌 수 있으니까요. 교사조차 이제 학생들에게 인기가 없으면 가르치기 힘든 세상이 되었습니다.

지금 공자가 지적하는 것은 선비나 군자에 해당되는 사람이 인기에 연연해서는 안 된다는 것입니다. 예를 들면 오늘날 스스로 참된 지식인이나 학자, 종교지도자라 자부하는 사람들은 남이 알아주는 것에 연연해서는 안 된다는 뜻입니다. 왜냐하면 그들의 삶의 목표가 타인의 시선 따위에 있지 않기 때문입니다.

공자가 말했다. "군자는 죽은 뒤에도 이름이 일컬어지지 못할까 걱정한다."

자왈 군자 질몰세이명불칭언
子曰 君子는 疾沒世而名不稱焉이니라 「위령공」

疾: 근심하다, 싫어하다 | 沒: 다하다 | 世: 일생 | 名: 이름 | 稱: 일컫다

여기서 '이름이 일컬어지는 것'은 앞에서 말한 명성인데, 본문의 말은 남이 알아주는 것 곧 '명성이 알려지지 않는 것을 근심하지 말라'는 앞의 말과 서로 모순되는 것처럼 보입니다. 그러나 모순이 되지 않는 것은 앞 부분의 조건을 나타내는 '죽은 뒤에도'라는 말에 포인트가 있기 때문입니다.

사실 명성이 알려지길 바라는 사람 대부분은 살았을 때 그 명성으로 이익을 챙기기를 원합니다. 그러나 나도 모르게 자연스럽게 명성을 얻으면 좋겠지만, 죽은 뒤에 얻어도 나쁠 것은 없습니다. 왜냐하면 이미 죽은 뒤에 얻은 명성이란 내 이익과 관계가 없고 후세 사람들의 평가이기 때문입니다. 가령 이순신 장군이나 안중근 의사 같은 분의 명성을 생각해 보면 쉽게 이해가 될 것입니다.

그런데 청소년들이 죽은 뒤의 명성이나 인기에 신경 쓰겠습니까? 아니 대부분의 사람들은 그에 관심이 없습니다. 이러니 공자는 쓸데없는 일을 말하고 있다고 하겠지요?

그러나 이 말은 아마도 공자가 나이가 들어 죽을 날이 멀지 않았을 때 하지 않았나 추측됩니다. 왜냐하면 이런 생각은 대개 인생을 살 만큼 살고 난 뒤에 흔히 하는 생각이기 때문이지요. 그때 가서 자신의 삶을 뒤돌아보아 아무것도 남긴 것이 없으면 정말로 허무하지 않겠어요? 그러니 이 말은 나이든 사람에게나 절실하게 다가오는 말이며 이들에게는 아주 중요한 교훈입니다.

무슨 말인고 하니 나이가 들기까지 뜻있는 일을 하지 못한 노인일수록 그런 일을 많이 해야 한다는 뜻입니다. 지금까지 후세에 기억될 수 있는 좋은 일을 못했다면, 당장 그렇게 하라는 뜻입니다. 그런데도 죽을 날이 머지 않은 늙은이가 돈을 탐내서 인색하고, 벼슬을 탐내 권력자에게 아부하고, 쓸데없는 인기를 끌기 위해 방송에 자주 나오는 것을 좋아한다면 추하고도 비루한 행위가 되는 것입니다. 그걸 '노탐'이라 부르지요. 이런 인간들에게 후세 사람들이 좋은 평판을 할 리가 없습니다.

우리 사회에 소위 원로라는 분들 가운데 젊은 사람들에게 존중받는 사람이 드문 까닭은 이렇게 그들의 행위가 지나친 탐욕으로 비춰지기 때문입니다. 아니면 훌륭한 원로들이 많지만, 제대로 알려지지 않기 때문이지요.

그러니 공자의 이 말씀은 진리가 되는 것입니다.

"노인들이여, 좋은 일을 많이 해서 후세에 아름다운 이름을 남깁시다."

이렇게 말할 수 있을 것입니다. 여러분들도 언젠가 늙게 될 테니깐 이 말을 꼭 기억하도록 합시다.

자기PR

흔히 현대 사회를 자기PR 시대라고 합니다. PR은 영어 'public relations'의 약어로 홍보 또는 광고를 의미합니다. 자기PR은 이렇듯 남들에게 자신의 장점을 스스로 적극적으로 알려야 한다는 뜻입니다. 입사시험이나 대학 입시에서도 자기 추천서나 소개서를 쓰기도 합니다.

얼핏 보면 "남이 알아주지 않는 것을 걱정하지 말라"는 『논어』의 입장은 현대 상황과는 맞지 않은 듯 보입니다. 남이 알아줄 때까지 언제까지나 기다릴 수 없으니까 그렇습니다.

그러나 제도가 이미 스스로 알려야 하는 것으로 정해진 이상 자기의 장점을 굳이 숨길 필요는 없습니다만, 문제는 실제 상황보다 과장해서는 안 된다는 점입니다. 그것은 분명 자신을 속이는 행위이며 『논어』의 정신과도 정면으로 위배됩니다. 자신의 능력이나 장점보다 훨씬 과장해서 알리는 사람들은 공자가 말하는 인간다운 사람이 아닙니다. 굳이 『논어』의 가르침을 떠나서 생각해 볼 때도 정직하지 못합니다. 있는 그대로 알리는 것이 『논어』의 정신 아닐까요?

종교와 죽음으로부터

사후세계

인간이 죽고 난 이후에 저승, 곧 사후세계라는 것이 있을까요? 많은 사람들이 관습적으로 저승을 말하기도 하고, 특히 종교에서 천당이나 극락 그리고 지옥이 있다고 강조해서 이를 믿는 사람들이 많습니다.

그러나 사후세계는 종교, 문화, 역사에 따라 다르기 때문에 같은 사후세계가 있다고 말하기는 어려울 듯합니다. 그렇다면 여러 종류의 저승이 존재할까요?

사실 지금까지 사후세계에 대해 말이 많으나 공통점도 없고 또 뚜렷이 증명된 것도 없습니다. 그렇다면 사후세계는 없는 것일까요? 이에 대해

『논어』에서는 어떻게 말하고 있을까요? 죽음과 종교의 문제에 관해서 어떻게 가르치고 있을까요?

계로가 귀신 섬기는 것에 물으니 공자가 말했다. "사람을 섬길 수 없다면 어찌 귀신을 섬길 수 있겠느냐?" "감히 죽음에 대해 묻습니다." 말하기를 "삶도 아직 알지 못하는데 어찌 죽음을 알겠는가?"라고 하였다.

季路 問事鬼神한대 子曰 未能事人이면 焉能事鬼리오 敢問死하노이다
曰 未知生이니 焉知死리오 (「선진」)

鬼: 귀신 | 神: 귀신 | 事: 섬기다 | 未: 아니다 | 能: ~할 수 있다 | 敢: 감히 | 生: 삶

死: 죽음 | 焉: 어찌

계로는 공자의 제자인 자로입니다. 귀신을 섬긴다는 말에서 귀신이란 요즘 흔히 생각하는 유령 같은 것이 아니라, 공자가 살던 시대에 하늘이나 산천의 신 또는 조상신을 말하는 것으로 이 말은 제사를 지내던 고대의 풍습에서 나온 것입니다.

계로가 그것에 대해 물은 것은 제사를 지내는 까닭에 대한 내용입니다.

그런데 여기서 공자는 그 까닭을 말해주지 않고 도리어 사람을 섬기는 문제로 답을 회피합니다. 사람을 섬기는 일이란 가까이는 부모에게 효도하고 어른을 공경하며 나아가서는 임금을 섬기는 일인데, 모두 인간사회의 관계에서 나오는 문제입니다.

또 죽음에 대해서 물은 것은 사후세계와 관계됩니다. 여기서도 공자는 직접적인 답을 피하고 현재의 삶의 문제로 관심을 돌려 버립니다. 사실 귀신을 섬기는 문제나 사후세계에 대한 물음은 오늘날 종교에서 다루는 신의 존재 문제로 생각할 수 있습니다.

그러니까 이러한 질문에 대한 공자의 대답은 종교적인 문제에 대해서 언급을 회피하고, 현실적인 인간의 삶의 문제로 관심을 돌려 거기에 초점을 맞추고 있습니다. 그렇다고 해서 공자가 귀신이나 사후세계의 존재를 부정하는 무신론의 입장에 섰다고 단정할 수는 없습니다. 다만 그 문제에 대해서 관심을 갖지 않고 언급을 피함으로써, 종교적인 문제에 얽매이지 않거나 독립하고 싶다는 의지를 표현했다고 볼 수 있습니다.

여기서 공자는 스스로 비겁해서 사후세계 문제에 대한 답을 피했을까요?

아닐 겁니다. 그런 문제에 대해서 논해 보았자 아무런 소득이 없기 때문이 아닐까요? 아마 이 문제를 가지고 여러분들의 학급에서 토론을 해도 아무런 결론이 나오지 않을 것입니다. 종교를 가진 사람과 종교가 없는 사람 사이의 논쟁이 서로 핏대만 올리고 결론 없이 끝날 테니까요. 이렇게 소모적인 논쟁보다는 현실의 문제에 집중하는 것이 더 합리적인지 모르겠습니다.

번지가 지혜를 물으니 공자가 말했다. "사람이 지켜야 할 도리에 힘쓰고 귀신을 공경하되 멀리하면 지혜롭다고 말할 수 있다."

번지문지　자왈 무민지의　경귀신이원지　가위지의
樊遲問知한대 子曰 務民之義오 敬鬼神而遠之지면 可謂知矣니라 (『옹야』)

知: 지혜 | 務: 힘쓰다 | 義: 의롭다 | 敬: 공경하다 | 遠: 멀리하다

번지는 공자의 제자이며 이 지혜에 대한 질문에 이어서 인간다움에 대해서도 묻는데, 앞 장에서 다룬 적이 있습니다. 귀신을 공경하면서 멀리한다는 뜻은 귀신의 존재 자체를 완전히 부정하거나 긍정하는 것은 아니지만, 그것을 멀리하라고 명확한 한계를 그었습니다. 『논어』의 다른 곳에 보면 공자는 귀신에 대해서는 거의 말하지 않았다(「술이」)고 합니다.

고대 보통 사람들의 지혜는 대부분 귀신처럼 자신들이 모르는 것에서 찾지만, 공자와 같은 성인들이 말하는 지혜란 당연히 알아야 할 것을 아는 것뿐입니다. 그래서 지혜로운 사람의 일이란 귀신처럼 알 수 없는 대상에 대하여 미혹되지 않고 마땅한 인간의 도리에 오로지 힘을 쏟는 것이라고 말하고 있습니다.

여기서 보통 사람의 그것과 공자가 지닌 지혜의 관점에 차이가 있는 것 같지만 하나로 통일됩니다. 곧 인간이 행해야 할 도리에 힘쓰면 자연히 알 수 없는 대상에 미혹되지 않는다는 점입니다. 왜 그럴까요?

사실 보통 사람들이 종교나 사후세계에 대해 관심을 갖는 것은 현실의 삶에서 화를 피하거나 복을 받고 죽어서도 영생하고자 하는 욕망 때문입니다. 많은 종교들이 이러한 인간의 탐욕이나 약점을 이용해서 신도들을 끌어모으고 교세를 확장하고 있습니다. 그런 점도 분명히 있지만, 동시에 신을 잘 섬기려면 이웃을 사랑하고 남에게 자비를 베풀라고 가르칩니다.

논리적으로 따지고 보면 보이지 않는 신을 잘 섬기는 방법이란 보이는 인간을 사랑하고 자비를 베푸는 것인데, 결국 사람을 섬기는 도리를 다하면 신(귀신)을 섬기는 도리를 다한다는 유학자들의 논리와 일치합니다.

조선후기 동학을 창도한 최제우(1824~1864)는 신(한울님)이란 다른 것이 아니라 우주와 내 마음속에 있는 신령한 기운인 지기(至氣)로서, 내 마음속에 있는 한울님을 잘 모시면 된다는 시천주(侍天主) 사상을 폈습니다. 2대 교주 최시형(1827~1898)에 와서는 사람을 하늘처럼 섬기라는 사인여천(事人如天)으로 변화시켰으며, 3대 교주 손병희(1861~1922) 때는 이것을 사람이 곧 하늘이라는 인내천(人乃天)으로 발전시켰습니다.

그러니까 인간의 마음에 우주의 본질로서 살아 있는 기가 지극한 신령으로 깃들어 있으니 인간을 잘 모시라는 공통점을 갖고 있습니다. 여러분도 알고 있는 방정환 선생은 손병희 선생의 사위로, 1920년대 어린이 운동을 펼친 것도 이러한 사상을 바탕으로 하고 있습니다. 어린이도 신이 깃든 고귀한 존재이기 때문입니다.

어쨌든 『논어』의 이러한 가르침은 보이지 않는 신보다 현실적인 인간을 잘 섬기는 태도를 정착하는 데 큰 역할을 했고, 동양의 학문과 종교에 큰 영향을 주었습니다.

죽는 것이 두려운가?

보통 사람들은 죽음을 두려워합니다. 각자에게 자의식이라는 것이 있기 때문입니다. 자의식이란 자기를 느끼고 생각하고 자기를 다른 사물이나 인간으로부터 구별 짓는 마음입니다. 자기 자신을 다른 대상이나 사람과 구별 짓는 마음이 강할수록 죽음을 두려워하게 됩니다.

반면에 다른 사람과 내가, 더 나아가서 세상 만물과 내가 하나라고 깨달으면서 자의식의 경계를 허물어 버린 사람은 죽음을 두려워하지 않습니다. 왜냐하면 내 몸이 죽더라도 만물과 하나인 '참된 나'는 죽는 것이 아니기 때문입니다. 참된 내가 다른 사람이나 만물 속에 항상 살아 있기 때문입니다.

이것이야말로 참된 철학이나 종교의 가르침입니다. 절대자라는 신이 있어서 나를 구원해 주는 것이 아니라 내가 우주 만물에 깃든 절대자와 하나가 됨으로써, 탐욕에 빠진 가짜 나를 죽이고 만물과 하나인 참 나를 깨달음으로써 가능한 것입니다. 바로 우리가 평상시의 욕심을 버리고 인간과 만물을 사랑하며 그것과 하나가 되기에 최선을 다할 때 가능한 일입니다.

 관련된 한자성어

경이원지(敬而遠之)

귀신을 공경하되 멀리하라는 뜻으로 「옹야」편에서 유래했으나, 그 뜻이 변하여 존경하는 사이일수록 너무 가까이 하지 않는 게 서로에게 도움이 된다는 뜻으로 쓰이기도 하며 줄여서 경원(敬遠)이라고 한다.

운명론으로부터

사주팔자

옛날에 혼인을 할 때 상대방의 사주가 적힌 사주단자를 교환하기도 했고, 또 일이 잘 안 풀릴 때 사람들은 팔자 타령을 했습니다. 사주란 사람이 태어난 연·월·일·시를 간지(干支)로 나타낸 8글자이고, 그것을 4줄의 기둥 모양으로 종이에 세로로 쓰므로 4주8자라는 이름이 생겼습니다. 옛날부터 이 네 가지 요소로 인간의 운명을 점치기도 했는데, 통상 이것을 운명이나 숙명으로 여겼습니다. 오늘날도 여전히 이것을 가지고 점을 쳐주는 사람도 있고 그것을 믿는 사람도 있습니다.

철학적으로는 이러한 인간의 운명이나 숙명만이 아니라 세상만사가 미리 정해진 법칙이나 원리에 지배되고 있다고 보는 관점이 운명론이라고 합니다. 이러한 운명론은 세상일의 논리적인 인과관계나 인간의 자유로운 의지를 무시하고 정해진 운명에 돌려 버립니다.

그렇다면 인간은 자신의 팔자에 따라 마치 컴퓨터에 입력된 프로그램을 따르듯이, 이 같은 운명에 자신의 삶을 맡겨야 할까요?

운명이란 게 있는가?

백우가 질병에 걸리자 공자가 문병을 가서 창 너머로 그의 손을 잡고 말했다.
"방법이 없구나! 운명이로다! 이런 사람도 이런 병에 걸리는가? 이런 사람도
이런 병에 걸리는가?"

伯牛有疾이어늘 子問之하실새 自牖로 執其手曰 亡之러니 命矣夫인저
斯人也而有斯疾也할가 斯人也而有斯疾也할가 『옹야』

疾: 질병 | 自: ~로부터 | 牖: 창 | 執: 잡다 | 亡: 없다 | 命: 운명 | 斯: 이

有: 가지고 있다

백우는 공자의 제자로 성이 염(冉)이며 이름은 경(耕)입니다. 공자와 같은 노나라 사람입니다. 백우가 걸린 병이 문둥병이라는 설이 있습니다. 공자가 창 너머로 그의 손을 잡은 것은 문둥병이 옮을까 무서워서가 아니라

196

특별한 이유가 있습니다.

옛날 중국의 예법에 병자는 보통 북쪽 창문 아래 누워 지내다가 왕이 병문안을 오면 남쪽 창문 아래로 옮겨 맞이했는데, 그것은 임금이 항상 남쪽을 바라보고 앉아서 신하를 맞이하는 관례 때문입니다. 당시 백우의 집에서는 공자를 높여서 그와 같은 예로 맞이하기 위해 남쪽 창문 아래로 환자를 옮겼는데 공자는 너무 황송하여 방에 들어가지 않고 창 너머로 그의 손을 잡고 영결(永訣)을 한 것입니다.

백우는 안연·민자건·중궁과 함께 덕행이 뛰어나다고 공자가 칭찬하고 아끼는 제자였는데, 이렇게 불치의 병에 걸리고 말았기 때문에 공자가 이처럼 탄식했습니다. 여기서 백우가 병에 걸린 것을 공자는 운명이라고 말했는데, 다른 말로 천명(天命)이라고도 하며 인간의 힘으로 어쩔 수 없을 때 하는 말입니다. 문둥병이 불치의 병이니 그렇게 말했습니다.

이처럼 공자도 운명을 인정했습니다. 사실 사람에겐 누구나 자기 힘으로 어쩔 수 없는 운명이라는 게 있습니다. 오늘날 우리는 그것을 운이라 표현합니다만, 가령 야구시합에서 빗맞은 안타처럼 자신의 의지로 어찌 할 수 없는 것들이 여기에 해당됩니다. 우리의 일생에서는 전부는 아니지만 그 가운데는 이렇듯 자기의 의지와 상관없이 일어나는 일도 있습니다. 그 운은 좋을 수도 나쁠 수도 있지만 어쩔 수 없이 맞이해야 합니다.

그렇다면 인생의 모든 일이 이런 운에 따라 좌우될까요? 일부 사람들 중에는 대부분의 일, 또는 중요한 일마다 정해진 운에 따라 일어난다고 믿기도 하는데, 그런 사람들을 운명론자라 부릅니다. 그럼 공자도 이런 운명론자일까요?

공자가 말했다. "인간이 도를 넓힐 수 있는 것이지 도가 인간을 넓히는 것은
아니다."

> 자왈 인능홍도 비도홍인
> 子曰 人能弘道오 非道弘人이니라 『위령공』

能: ~할 수 있다 | 弘: 넓히다 | 道: 길

도(道)라는 말은 원래 '길'이라는 뜻입니다. 고대 풀숲이 우거지거나 장애
물이 많은 곳에서는 길이야말로 사람이 안전하게 다닐 수 있는 곳이기 때문
에 훗날 사람이 마땅히 걸어야 할 도리로 뜻이 변하였습니다. 기독교에서
"내가 길이요 진리요 생명이다"고 말할 때 바로 그 길과 뜻이 같습니다. 오래
된 우리말 성경에서는 이 '길'을 '도'로 옮겼지요. 그러니까 공자는 사람이 길
을 넓혀 나가는 것이지 길이 사람을 넓히는 것은 아니라고 선언한 것입니다.

이 말은 아주 중요한 뜻을 지니고 있습니다. 일부 종교나 철학에서는 이
길이 미리 정해져 있다고 봅니다. 인간은 그 길을 가든지 벗어나든지, 다시
말하면 인간은 정해진 신의 뜻이나 하늘의 이치를 따르든지 아니면 거부하
든지 선택하는 길밖에 없다고 보는 견해입니다. 물론 먹어야 사는 것과 같
은 자연법칙의 경우 이미 정해져 있고, 인간의 몸도 자연이므로 그 법칙을
어길 수 없지만, 그렇다고 해서 인간이 자신의 삶을 정해진 신의 뜻이나 운

명에 내맡겨야 할까요?

　바로 여기서 공자는 사람이 길을 넓힌다고 말합니다. 다시 말하면 인간이 살아가야 할 도리를 인간 자신이 넓혀 나가는 것이지, 어떤 신의 뜻이나 원리가 먼저 있어서 사람이 노예처럼 그것에 얽매어서는 안 된다는 뜻입니다. 곧 인간이 삶의 주체라는 겁니다.

　그래서 앞의 '내가 길이요'라고 말한 예수의 말은 두 가지로 해석이 가능합니다. 하나는 바로 공자가 말한 것과 같이 인간 예수가 가는 것이 바로 길이라는 것, 다시 말하면 예수처럼 사는 인간이 길을 넓혀 간다는 뜻이고, 다른 하나는 예수를 하느님의 위치에 올려놓고 예수(하느님)의 말씀이 곧 길이라는 전통적 교리에서 보는 해석이 그것입니다.

　그러니까 공자의 이 논리에서 보면 인간의 도리가 운명적으로 처음부터 정해져 있다고 보는 것은 말이 안 된다는 얘기입니다. 인간의 도리란 사회적 산물이고 사회의 질서 유지를 위해 인간이 만든 규범이기 때문입니다. 마치 학교에서 학생들과 담임이 의논해서 만든 학급규칙과 같은 것입니다. 학급규칙이란 학교마다 나라마다 시대마다 얼마든지 바뀔 수 있는 것입니다.

　그러니 자연법칙을 제외하고 운명적으로 인간이 가야할 길이 정해져 있고 숙명적으로 그것을 받아들여야 할 것은 원칙적으로 없다는 뜻이 됩니다. 다만 보편적인 도리를 존중해서 자율적으로 따르기는 하지만, 그것이 내 삶의 발목을 잡게 해서는 안 된다는 뜻입니다. 그런 점에서 보면 인간의 운명은 비록 자신의 의지로 어쩔 수 없는 부분이 있더라도 스스로 개척하는 것이지 정해져 있는 것을 마지못해 따르는 것이 아니라는 것입니다.

팔자타령

팔자타령을 다른 말로 신세타령이라고도 부릅니다. 간혹 '나도 좋은 부모 만났더라면, 지금보다 팔자가 좋았을 것'이라고 푸념하는 사람들도 있습니다. 그러나 그런 어른보다 더 열악한 환경에서 자라도 더 잘된 사람들도 있습니다.

요즘 청소년들 가운데도 "우리 부모는 능력이 없어서 내가 크게 될 수 있도록 뒷받침해 줄 수 없다"라든가 "내가 이렇게 공부해 봐야 어차피 부잣집 아이들 따라가기 어렵다"라고 여겨 미리 포기하는 사람이 있을지 모르겠습니다. 이런 사람은 섣불리 자기 운명을 가정환경에 맡겨 버리는 운명론에 빠지게 됩니다.

물론 환경이 좋은 사람이 성공할 확률은 높습니다. 그러나 인간의 의지가 그런 확률에 지배되는 것은 아닙니다. 주어진 열악한 환경을 극복하고 자신의 운명을 개척할 수 있는 사람이야말로 당당히 홀로 서서 더욱 값지고 행복하고 의미 있는 삶을 누릴 것입니다.

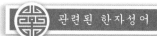 관련된 한자성어

인능홍도(人能弘道)

인간이 도를 넓힐 수 있다는 뜻으로 「위령공」에서 유래.

지성인으로 홀로서기

자식의 독립을 위하여

성인(成人)이 된다는 것은 경제적인 문제 외에 정신적으로 부모나 스승으로부터 독립하는 것을 의미합니다. 자신의 삶을 스스로 책임지고 이어간다는 뜻입니다. 더 나아가 어떠한 어려움이나 힘든 일이 닥쳐도 당당하고 꿋꿋이 인생을 살아가며 행복하게 살기를 바라지만, 이런 부모의 생각대로 사는 자식은 많아 보이지 않습니다.

필자에게도 자식이 있는데, 물려줄 유산이 별로 없어서 다만 정신적으로 독립할 수 있는 바탕을 키워줌으로써 부모의 도리를 다하려고 합니다. 여기서 정신적으로 독립한다는 것은 단지 앎의 문제만이 아니라 삶의 모든 영역에서 지성인으로 살아갈 자질을 갖춘다는 뜻입니다. 지성인이 되면 비록 가난하더라도 만족하며 살 수 있는 정신적 능력을 갖추게 됩니다.

공자와 그 후배들은 이런 지성인을 '군자'라 불렀습니다. 군자란 그야말로 인격을 완성한 사람으로서 오늘날의 지성인과 같은 정신적·도덕적 능력을 갖춘 사람입니다. 그렇다면 공자는 군자를 어떻게 규정하고 있을까요?

 **군자는 정의롭다**

공자가 말했다. "군자는 의에 밝고 소인의 이익에 밝다."

子曰 君子는 喩於義하고 小人은 喩於利니라 (「이인」)

喩: 밝다 | 義: 의로움, 정의 | 利: 이로움

의는 보통 의리(義理)로 불리며 이치에 합당한 것을 말하는데, 오늘날 정의(正義)에 가까운 말입니다. 앞에서도 말했지만 소인은 군자의 반대쪽에 선 사람으로 생각과 행동이 비천하고 간사하며 탐욕이 많은 사람을 말합니다. 또 밝다는 것은 밝히거나 집착하는 것을 말하며 여기서 이익이란 공익이 아니라 사적인 이익을 말합니다. 현대식으로 군자는 사회정의에 마음을 쏟고, 소인은 사적인 이익에만 집착한다는 말로 옮길 수 있습니다.

만약 이렇다면 오늘날 군자다운 사람은 개인적인 이익을 멀리해야 한다는 뜻일까요? 물론 그런 뜻으로 해석해서는 안 될 것입니다. 누구나 직업을 가져야 하고 그래서 정당한 이익을 챙기는 것 또한 권리입니다. 문제는 사회 정의에 눈감고 탐욕으로 사적인 이익에만 집착하는 사람들은 아무리 많이 배우고 설령 높은 지위에 있어도 모두가 소인배이지요.

여기서 군자로 상징되는 지성인을 규정하는 특징은 몇 가지 있지만, 그 가운데 핵심적인 것은 바로 비판정신입니다. 물론 그 비판의 기준은 대체로 사회 정의에 두고 있습니다. 즉 지성인은 정의로운 일에 참여하고, 또 그 일을 칭찬하며 정의롭지 못한 일을 비판합니다. 군자가 의에 밝다는 것이 바로 이를 뜻합니다.

그런데 사회 정의를 알거나 규정하는 일이 말처럼 쉽지 않습니다. 학자마다 말하는 것이 다르고, 또 사람들마다 생각하는 기준이 다를 수 있기 때문입니다. 오늘날 다수의 의견, 곧 선거에서 이기는 것이 정의인 것처럼 여기는 경향이 있는데, 때로는 이것이 지성인들을 매우 당혹스럽게 만듭니다. 게다가 경우에 따라서는 지성인들이 대중으로부터 비난과 오해를 받기도 합니다. 심지어 과거 역사에서는 순교자처럼 처형을 당하기도 했습니다.

이러니 진정한 지성인으로 산다는 것은 보통사람들의 시각에서 볼 때 매우 고달픈 일입니다. 죽을 때까지 남보다 많은 공부를 해야 하고, 용기도 있어야 하고 비난과 오해도 무릅쓰고 자신이 믿는 정의를 위해 헌신해야 하니까요. 그러나 그들에겐 공부와 학문의 즐거움이 있고, 자신과 같은 처지인 동료 지성인과 예전에 앞서 걸어간 인류의 지성인들이 있었기 때문에, 그로부터 위안을 삼고 무한한 행복을 느끼고 사는 겁니다.

공자가 말했다. "군자의 길은 세 가지인데 내가 잘할 수 있는 것이 없으니 인간다운 사람은 근심하지 않고 지혜로운 사람은 미혹되지 않고 용감한 사람은 두려워하지 않는다."

子曰 君子道者가 三에 我無能焉호니 仁者는 不憂하고 知者는 不惑하고
勇者는 不懼니라 (『헌문』)

能: 능숙하다 | 仁: 어질다 | 憂: 근심하다 | 知: 지혜롭다 | 惑: 미혹되다

勇: 용감하다 | 懼: 두려워하다

위에서 공자가 말한 세 가지 군자의 길은 지(知)·인(仁)·용(勇)으로 지혜·인간다움·용기를 말합니다. 공자가 "내가 잘할 수 있는 것이 없구나"라고 한 것은 겸손하게 자기를 낮추면서 남에게 권면하는 말이지 공자가 실제로 그렇다고 봐서는 안 됩니다.

『논어』에는 인간다운 사람과 지혜로운 사람과 용기 있는 사람이 자주 등장하며 위의 내용과 똑같은 "인간다운 사람은 근심하지 않고 지혜로운 사

람은 미혹되지 않고 용감한 사람은 두려워하지 않는다(「자한」)"라는 말이 다시 등장합니다. 또 『중용』에서도 이 세 가지를 사람이 통달한 덕성이라 말합니다.

이것으로 미루어 보아 이 세 가지 덕목이 군자가 되는 길에 매우 중요한 요소임은 분명합니다. 군자라는 말은 『논어』에 107번이나 등장하니, 인과 함께 매우 중요한 사상을 담고 있다고 볼 수 있습니다.

군자란 앞에서 인격을 완성한 사람이라 했는데, 바로 지혜와 인간다움과 용기로 가득 찬 사람이란 뜻입니다. 오늘날 식으로 표현하자면 지성인으로서 떳떳하게 살 수 있는 능력이 갖추어진 것입니다. 여러분의 능력도 여기까지 이르러야 진실로 자유롭게 되는 것입니다.

이렇게 말하면, "자유롭다니요? 돈이 있어야 자유롭지 무슨 자유를 말합니까? 돈 없는 자유는 굶어 죽을 자유밖에 없지 않나요? 군자가 되면 자유롭다니, 그건 사기요, 완전히 뻥치는 겁니다. 게다가 뭐가 답답해 군자가 되겠습니까? 눈만 돌리면 신나고 재미나는 일, 즐길 만한 일이 많습니다. 그러니 돈 버는 일을 가르쳐 주셔야지 군자가 되라니요? 공자도 참 답답한 사람입니다"라고 말하고 싶지요?

이해는 됩니다. 대부분의 젊은 사람들은 군자가 되는 길보다 이렇게 자신의 욕망에 따라 사는 길을 택합니다. 어쩌면 이런 길이 당연할 지 모릅니다. 나중에 어떤 일이 닥치더라도 지금 당장 이익이 되고 재미있다면 그게 최고 아니냐고 말하겠지요. 미래의 불확실한 가치보다 당장의 즐거움이 더 짜릿하지요.

맞습니다. 인생도 자기가 당해 봐야 지혜도 생기고 용기도 생깁니다. 그러니 군자가 되라는 말이 당장 귀에 들어오지 않습니다. 이 말은 젊을 때의 욕망을 다 누려보고 난 뒤에 해 줄 수 있는 말인지 모르겠습니다. 마치 술을 많이 마셔 본 사람이 과음은 몸에 해롭다는 것을 깨닫는 것처럼 말입니다.

비록 그렇다고 하더라도 나는 군자가 되어야 참으로 자유롭게 지성인으로서 홀로서기를 할 수 있다고 말할 수밖에 없습니다. 그것은 실수투성이로 먼저 살아보았던 사람으로서 젊은 사람들에게 나와 똑같은 실수를 저지르지 않도록 말해 줄 수 있는 소중한 경험이기 때문입니다.

교육 문제에 답이 없는 이유

오늘날 입시경쟁과 교육 문제에 답이 없는 이유는 행복과 성공의 기준이 대중적이기 때문입니다. 그것은 남보다 이름 있는 대학을 나와 남보다 좋은 직장에 들어가 남보다 많은 돈을 벌고 남보다 큰 집에서 남보다 행복하게 살기를 바라는 것입니다.

자, 여기서 문제는 가고자 하는 사람은 많은데 그 길은 좁다는 데 있습니다. 가령 서울에서 부산까지 가는 것이 인생의 길이라면, 모두 경부고속도로만 이용한다면 말이 됩니까? 비행기나 기차를 타고 갈 수도 있고, 인천으로 가서 배를 타고 갈 수도 있습니다. 산천을 즐기며 쉬엄쉬엄 걸어 갈 수도 있습니다. 자기의 적성이나 능력을 고려하지 않고 누구나 일류대학을 졸업해야 성공한다고 생각하는 하나의 답이 문제입니다. 그러니 입시 제도를 어떻게 바꾸든 답이 나오지 않습니다.

어쨌든 하나의 길로 모두 나간다는 것은 다 죽자는 길입니다. 단언컨대 크게 성공하려면 많은 사람들이 가는 길과 정반대의 길로 가야 합니다. 당장은 불안하고 걱정이 크겠지만 의심하지 않고 열심히 가다 보면 그 길이 사는 길입니다. 지성인은 결코 대중이 선호하는 길로 가지 않습니다. 좁은 문으로 들어가야 합니다.

 관련된 한자성어

인자불우(仁者不憂)

어진 사람은 근심하지 않는다는 말로 「헌문」·「자한」편에서 유래.

지자불혹(知者不惑)

지혜로운 사람은 도리를 잘 알기 때문에 미혹되지 않는다는 말로 「헌문」·「자한」편에서 유래.

용자불구(勇者不懼)

용맹한 사람은 두려워하지 않는다는 말로 「헌문」·「자한」편에서 유래.

멋있는 삶

미스코리아 미

우리나라를 대표하는 미인을 선발하는 미스코리아 대회에서는 진·
선·미를 가립니다. 사람들은 그 가운데 미스코리아 진을 최고 미인으로
여깁니다. 그런데 사실 진은 지성을, 선은 도덕적 의지의 지향점을, 미는
아름다움을 뜻하니 미스코리아 선발이 미인을 뽑는 대회이므로 당연히 미
스코리아 미를 최고로 여겨야 하는데 왜 진을 더 높게 대우하는지 알 수 없
습니다.

미인대회가 주로 여성의 신체적 아름다움에 치중한다면, 인간의 삶에도
아름다운 삶이 있어서 보통 이를 멋진 삶이라고 합니다. 이러한 멋진 삶은

어떤 분야에서든지 홀로서기를 통해 나옵니다. 예술가의 작품에서 해당 작가만의 독특함이 묻어나는 것이 바로 그런 이유입니다. 그렇다면 어떤 사람이 멋진 사람일까요?

 **예술적 감성과 인간**

공자가 말했다. "시에서 일어나며 예에서 서며 음악에서 이루느니라."

_{자왈 흥어시}　_{입어례}　_{성어악}
子曰 興於詩하며 立於禮하며 成於樂이라.　(「태백」)

興: 일어나다 ｜ 立: 서다 ｜ 禮: 예법 ｜ 成: 이루다, 완성하다 ｜ 樂: 음악

여기서 등장하는 시와 예와 음악은 공자 이전 중국 고대의 그것으로, 시는 노랫말이며 예는 예법이고 악은 이른바 오성(궁·상·각·차·우)과 12율(6률과 6려로 이루어진 12개의 음)로 이루어진 음악을 말합니다.

이 말은 예술적 감성을 키우는 것이 인간의 인격 완성에 큰 도움이 된다는 뜻을 담고 있습니다. 그는 다른 곳에서 "바탕이 꾸밈보다 지나치면 촌스럽고, 꾸밈이 바탕보다 지나치면 서류만 잘 꾸미는 말단 사무원 같으니, 바탕과 꾸밈이 잘 어울린 다음에야 군자라 할 수 있다(「옹야」)"라고 말하여 인간의 성품도 바탕과 꾸밈이 조화를 이루어야 한다는 예술적 감각으로 표현

하고 있습니다.

또 "관저(『시경』 첫 번째 편으로 행복한 남녀의 결혼을 축하한 시)는 즐거우면서도 음란하지 않고 슬프면서도 마음을 상하지 아니한다(「팔일」)."라고 하여 진정한 멋이란 한쪽으로 치우지치 않은 모습이라 표현하고 있습니다.

여러분들도 멋에 대해서 많이 신경을 쓸 것이라 생각합니다. 또래 친구들에게 인기를 끌기 위해서 그러는 경우가 많지요. 그걸 잘못되었다고 말하고 싶지는 않네요. 동물들도 제 짝을 찾기 위해서 멋을 부리기도 하니까요. 하물며 고등동물인 인간은 오죽하겠습니까?

이렇게 여러분들이 멋을 부리듯 인생에도 우러나오는 멋이 있습니다. 굳이 아름답게 보이려고 꾸미지 않더라도 이런 멋은 저절로 우러나오기 마련입니다. 마치 금강산이나 설악산의 풍경처럼 그런 아름다움은 꾸며서가 아니라 내버려 두어도 자연스럽게 저절로 풍겨 나오는 것입니다.

그렇다면 여러분 자신이나 주변의 부모님이나 선생님들에게서 어떤 멋과 향기가 풍겨 나오는지 한번 찾아보세요.

공자가 말했다. "거친 밥을 먹고 물을 마시고 팔을 굽혀 베개로 벨지라도 즐거움 또한 그 가운데 있으니, 의롭지 못한 부귀는 나에게 뜬 구름과 같다."

자왈 반소사음수 곡굉이침지 낙역재기중의 불의이부차귀
子曰 飯疏食飲水하고 曲肱而枕之라도 樂亦在其中矣니 不義而富且貴는
어아 여부운
於我에 如浮雲이니라 (『술이』)

飯: 먹다 | 食: 밥 | 飲: 마시다 | 曲: 구부리다 | 肱: 팔뚝 | 枕: 베개로 삼다 | 樂: 즐거움
在: 있다 | 富: 부유함 | 且: 또, ~와 | 貴: 귀함 | 如: 같다 | 浮: 뜨다 | 雲: 구름

공자의 이 말을 보고 공자는 부귀를 싫어하고 가난을 좋아한다고 가끔 오해하는 사람들이 있습니다. 사실 누구나 굳이 부귀를 마다할 이유는 없습니다. 공자도 부귀를 싫어할 이유는 없습니다. 다만 의롭지 못한 방법으로 부자가 되거나 신분이 귀한 사람이 되는 것을 원치 않았습니다. 그럴 바에야 차라리 가난하게 살더라도 그러한 삶에 만족하며 도(진리)와 함께 하는 삶을 즐긴다는 뜻입니다. 정당한 방법으로 부자가 되고 신분이 높아지기는 어려웠으니까요.

공자가 가장 아끼던 제자 안연도 그러한 삶을 살았고, 후대의 많은 유학자들도 그러한 삶을 본받았습니다. 그러다보니 후세 사람들이 공자를 비롯한 선비들이 본래부터 청빈한 삶을 좋아한다고 오해한 것입니다. 문제는

비록 가난하더라도 그 가운데 즐거움이 있었다는 것입니다. 그게 멋있는 삶이라는 뜻입니다.

여러분들은 이게 무슨 귀신 씨나락 까먹는 소리냐고 불평할 수도 있습니다. 일단 이해가 안 되니까요. 이 또한 청소년들이 이해하기 어려운 삶의 태도이기도 합니다. 만약 여러분 아버지가 지독한 가난 속에서 자신이 하는 일만 즐긴다면 이해할 수 있을까요? 그래서 가끔 가난한 교사나 목사의 자녀 가운데 부모에 반항하는 자식이 나오기도 했습니다.

이 말은 이렇습니다. 사람이 일부러 비천하고 가난하게 살 필요는 없지만, 혹시 뇌물을 주거나 받고 또 부당한 방법으로 지위가 높아지고 가난을 벗어날 길이 있더라도 그렇게는 하지 않는다는 겁니다. 비록 가난하더라도 올바른 법도를 지키는 삶이 멋있지 않겠습니까?

더 나아가 어떤 진리를 깨달은 사람의 입장에서는 가난이 큰 문제가 아니라는 점입니다. 철학자 디오게네스가 거지처럼 길가의 통 속에서 살았고, 성철스님이 돌아가실 때 남긴 것은 입었던 누더기 헌옷과 신발, 밥그릇뿐이었다는 것이 그걸 말해줍니다. 이런 분들에게는 진리 그 자체가 즐거움이지 재산은 족쇄에 지나지 않았던 겁니다.

그러나 여러분에게는 이런 고상하고 멋있는 삶이 아직 이해가 안 될 것입니다. 다만 보이는 것이 전부가 아니라는 것쯤은 기억했으면 좋겠습니다. 비록 눈에 보이지는 않지만 그리고 내가 아직 그것을 이해할 수도 없지만, 고귀한 가치를 가지고 그것을 멋으로 알며 즐기면서 사는 사람도 있다는 것을 알았으면 좋겠습니다.

멋있는 사람

여러분은 어떤 사람이 멋있습니까? 늘씬한 몸매에 예쁜 얼굴로 화려한 조명 아래 현란하게 춤추며 노래하는 아이돌 가수가 멋있습니까? 아니면 관중들의 열광적인 환호 가운데 절묘한 동작을 펼치는 운동선수가 멋있습니까? 아니면 미스코리아나 모델 같은 사람이 멋있습니까?

어떤 대상을 멋있다고 생각하면 누구나 그것을 본받고 따라 하고 싶어 합니다. 그래서 청소년기에는 연예인이나 운동선수의 옷맵시나 동작, 심지어 신체의 모습도 똑같이 만들려고 안달합니다. 그들이 청소년들의 마음을 사로잡는 우상이기 때문입니다. 그러나 그것도 잠시뿐 이런 청소년들도 나이가 들면 멋있다는 관점도 바뀌고 우상도 바뀌게 됩니다. 또 시대에 따라 멋의 기준도 바뀌게 됩니다. 그것이 대중적 멋의 한계입니다.

그래서 진정한 멋을 찾기 위해 사람들은 예술을 추구합니다. 예술은 수천 년이나 수백 년 전의 작품이라도 여전히 아름답습니다.

인생의 멋 또한 이러한 예술품처럼 시대를 초월하여 아름답고 고귀한 모델이 분명 있습니다. 바로 여러분이 지금까지 읽어 왔던 『논어』와 같은 고전 속에 말입니다. 청소년 시절에 이렇게 인생에서 내가 닮고 싶은 멋있는 모델만 하나 발견해도 그 사람은 행복한 사람입니다.

관련된 한자성어

곡괭이침지(曲肱而枕之)

팔을 굽혀 베개 삼아 벤다는 뜻으로, 청빈한 삶을 즐김을 이르는 말로서 「술이」편에서 유래.

부귀여부운(富貴如浮雲)

불의로써 얻은 재산이나 지위는 어진 사람이 보기에는 뜬구름처럼 여긴다는 뜻으로 「술이」편에서 유래.

사랑하는 청소년들에게

청소년 여러분 안녕하세요?

조선의 선비들이 600년 동안 가장 존경했던 인물인 공자입니다. 앞에서 홀로 서기에 대해 읽었죠? 앎으로부터, 가족·친구로부터, 관습으로부터, 물질과 신분으로부터, 명성으로부터, 종교와 죽음으로부터, 운명론으로부터 홀로서 기를 하여 지성인으로서 도덕의 주체로 멋있는 삶을 살아보라고 말했어요.

그러나 책을 한 번 읽고 다 이해가 된다면, 그 사람의 수준에는 좋은 책이 아니에요. 그 내용 가운데서는 두고두고 음미하면서 내용을 깨닫고 이해해야 하는 것도 있기 때문입니다. 어렵고 고생해서 깨달을수록 그 기쁨은 더 크게 마련인데, 그 맛에 책을 계속 읽게 되지요.

뭐든 쉽게 알려고 하는 것은 마치 학원을 열심히 다녔는데도 성적이 오르지 않는 것과 같습니다. 학원 강사가 못 가르쳐서가 아닙니다. 너무 쉽게 이해할 수 있도록 잘 가르치기 때문에 들을 때는 다 아는 것 같고 쉬워 보이지만, 정작 시험을 보거나 스스로 공부하려면 생각이 안 나는 것과 같습니다. 학생 스스로 노력해서 안 것이 아니기 때문입니다. 그래서 학교 교사들 사이에는 똑똑한 교사보다 약간 어눌한 교사가 뛰어난 학생을 키운다는 숨은 전설이 있습니다. 바로 학생의 의문을 키우고 호기심을 생기게 해서, 학생 스스로 답답해서 분발하게 만든다는 뜻이지요.

어쨌든 홀로서기가 말처럼 쉬운 일이 아니라는 점을 잘 압니다. 내용이 청소년들이 감당하기에는 벅차고, 다소 현실과 거리감이 있다는 것 말입니다. 더구나 요즘 청소년이 좋아하거나 바라는 것과 정반대의 길을 제시했으니, 나 공자의 얘기가 참 따분한 것이라 여길 것입니다.

나도 청소년들이 내 말을 지킬 수 있다거나 지킬 것이라 믿지 않아요. 여러분들에게는 아직 그럴 만한 정신적이고 도적적인 능력이 부족하기 때문이지요. 그럼에도 불구하고 굳이 소개한 것은 언젠가 멀지 않는 장래에 여러분들이 이러한 홀로서기 문제에 꼭 부닥칠 것이기 때문입니다. 나의 역할은 여러분의 마음에 잔잔한 충격을 주려는 것뿐입니다.

그러나 비록 홀로서기가 어렵고 힘들더라도 언젠가 꼭 배워야 합니다. 빨리 배울수록 성공할 가능성이 그만큼 커지는 겁니다. 더구나 여러분의 부모님이나 다른 보호자가 여러분이 늙어 죽을 때까지 여러분의 곁에서 도와주는 것이 아니기 때문입니다. 여러분도 자라서 스스로 생활을 해야 하고 또 누군가의 보호자가 되어야 하기 때문입니다.

사실 여러분의 부모님들이 입시공부를 강조하는 것도 어쩌면 이런 홀로서기 때문일 겁니다. 그러나 입시공부를 잘해 원하는 대학을 나와 경제적으로 홀로서기에 성공한다고 해도 겨우 한두 분야에서 홀로서기를 한 것뿐입니다. 거기에만 만족한다면 배움이나 관습이나 명성이나 종교나 죽음으로부터 홀로서기를 하여 지성인으로서 도덕의 주체로 멋있게 산다는 것은 쉽지 않을 것입니다. 요즘 대부분의 한국의 성인들처럼 말이에요.

그러니 학원에서 가르쳐주는 것처럼 홀로서기도 빠르고 쉽게 할 수 있는 정답은 결코 없습니다. 각자가 성실하게 꾸준히 노력하면서 스스로 터득하는 수밖에 없지요. 진지하게 물고 늘어져 고군분투하는 사람은 빨리 찾을 것이고, 대수롭지 않게 여기거나 무시하는 사람은 그만큼 어려운 일이 될 뿐입니다. 내 인생을 남이 대신 살아주지 않기 때문입니다.

제 4 부

성공하는 삶

전한 때의 인물인 소광(疏廣)은 태자태부라는 황태자의 스승이 되어 5년 동안 가르쳤는데, 병을 핑계로 벼슬을 그만두고 시골로 돌아가게 해달라고 황제에게 글을 올렸습니다. 황제는 그 청을 허락하고 선물로 황금 20근을 내렸고, 황태자도 황금 50근을 하사했습니다. 소광은 집으로 돌아와 날마다 술과 음식을 장만하여 마을 사람들은 물론 친척·친구를 초대해 잔치를 벌였습니다. 그리고는 금이 아직 몇 근이나 남았냐고 물으며 계속 사람들을 초대해 대접했습니다.

소광의 자식들은 이렇게 재물을 마구 쓰니 참으로 아까웠습니다. 그래서 소광의 친구인 한 노인을 찾아가 말했습니다.

"저희 아버지께서 재물을 마구 쓰셔서 걱정입니다. 하사받은 황금은 다 떨어져 가고 있습니다. 그렇게 낭비하지 말고 자손들을 위해 집이나 땅을 마련하게 해달라고 대신 말씀 좀 드려 주십시오."

그 부탁을 들은 친구는 틈을 엿보아 소광에게 자식들의 뜻을 전했습니다. 그러자 소광이 말했습니다.

"내 어찌 늙고 망령이 들어서 자식들을 생각하지 않겠는가? 우리 집에는 조상 대대로 내려오는 농토와 거기에 딸린 집이 있어서 자손들이 부지런히 일한다면 먹고사는 데 지장이 없네. 그런데 거기에 땅이나 집을 더 사서 보탠다면 자손들에게 게으름만 가르칠 뿐이라네. 현명한 사람에게 갑자기 재물이 많아지다 보면 평소의 소신이나 원칙을 해치게 되고, 어리석은 사람에게 갑자기 재물이 많아지면 잘못만 많아지게 되네. 또 부자가 되면 많은 사람들이 미워하네. 내 일찍이 자식들을 현명하게 못 키웠네. 거기에다가 잘못을 더하게 하여 남의 원망을 사게 만들고 싶지는 않네. 그리고 황금은 황제께서 늙은 신하를 은혜롭게 기르는 것이니, 마을 사람들과 친척·친구들과 함께 즐거이 그 내려주신 은혜를 누리면서 나의 여생을 보내는 것이 또한 좋지 않은가?"

이런 소광의 생각에 비추어 볼 때 이렇게 많은 사람들이 미워하는 부자 따위가 되는 것은 진정한 성공이 아닙니다. 그러나 어쨌든 지금도 많은 사람들이 성공이란 부자가 되는 것으로 생각합니다. 지위가 높아지거나 인기가 있는 것도 따지고 보면 부자가 되는 일과 관계가 있기 때문입니다. 그렇다면 부자가 못 되면 성공한 것이 아닐까요? 참다운 성공은 어떤 것일까요? 또 그러한 성공은 어떻게 도달할까요? 『논어』에서 말하는 성공에 귀 기울여 봅시다.

어떤 분야에서 성공하고 싶은가

성공이란 무엇인가?

성공을 한자로 '成功'이라 쓰고 영어로 'success'라 합니다. 두 단어 사이에는 미묘한 차이가 있지만 대체로 목적한 것을 이룰 때 씁니다. 그렇다면 무엇이든 자기가 원하는 것을 이루면 다 성공이라고 할 수 있을까요? 가령 돈을 많이 벌거나 유명인이 되었을 때는 대부분 성공이라 하겠고, 심지어 도둑들이 들키지 않고 물건을 훔쳐도 스스로 성공이라고 여길 겁니다.

그렇다면 그 이루는 방법이 정당한지 또는 부당한지 따지지 않고 원하는 목표를 이루기만 하면 성공이라고 할 수 있을까요? 반대로 우리 주변에 성공했다는 사람들은 정말로 한 점 부끄럼 없이 정당한 방법으로 성공했을까요? 도대체 어떻게 하는 것이 진정한 성공일까요?

공을 이룸

"넓고 크도다. 그 공을 이루심이여! 빛나도다. 그 문물제도여!"

외외호기유성공야   환호기유문장
巍巍乎其有成功也여 煥乎其有文章이여! (「태백」)

巍: 높고 크다 | 成: 이루다 | 功: 공 | 煥: 빛나다 | 文: 무늬 | 章: 글

　이 말은 요임금을 찬양한 말인데, 요임금은 순임금과 함께 고대 중국의 전설적인 왕으로, 백성들이 편안하게 정치를 잘하여 성인(聖人)으로 추앙받았습니다.

　이렇듯 가장 성공한 사람들을 동아시아에서는 전통적으로 성인이라 부릅니다. 성인이라 불린 사람들은 대개 백성들을 위해 정치를 잘한 왕들입니다. 또 성인까지는 아니라도 성인에 버금가게 좋은 일을 한 사람을 현인(賢人)이라 불렀으며, 둘을 합쳐 성현(聖賢)이라 불렀습니다. 그밖에 학문을 닦거나 나라에 공을 세워 성공한 사람들도 많이 있습니다. 공자의 경우는 왕이 아니며 한때 정치에 관여한 적이 있었지만, 그보다 후세를 위해 큰 가르침을 남겼으므로 성인이라 불렀습니다.

이처럼 동아시아 역사에서 성공이란 대부분 사회적인 훌륭한 업적을 가리키는 경우가 많습니다. 가령 누군가 나라를 위해 공을 세웠다고 말하거나 대업(大業)을 이루었다고 하는 경우가 그것입니다.

반면에 개인적인 성공은 입신양명(立身揚名 : 사회적으로 인정을 받고 출세하여 이름을 세상에 날림)을 했다거나 일가(一家)를 이루었다고 합니다. 즉 출세했다는 뜻입니다.

그런데 『논어』에서 말하는 성공은 대부분 사회적인 경우입니다. 타인에게 도움이 되지 않는 개인적이고 외형적인 성공에 대해서는 그다지 호의적이지 않습니다. 그런 전통 때문에 동아시아 역사책에서는 개인적인 성공에 대해 크게 부각하지 않았습니다. 따라서 성공이라 일컬어 지려면 사회적인 기여를 해야 합니다.

청소년들은 저마다 각자 꿈을 지니고 그 꿈을 이루고자 하는데, 처음부터 거창하게 남을 위해서 성공해야 한다는 마음을 가질 필요는 없습니다. 성공을 위해 노력하다 보면, 자연히 그 방향으로 흘러가기 때문입니다. 가령 어떤 사람이 세계적으로 유명한 운동선수가 되어 돈을 많이 버는 것이 목적이라고 해도, 결국 그 운동을 통해 우리나라를 알리는 역할을 하기 때문에 성공했다고 평가할 수 있습니다. 그러나 조직폭력배가 되어 아무리 돈을 많이 벌어도 성공이라고 평가하지 않습니다. 다른 사람에게 유익한 일이 없기 때문입니다.

이렇게 성공이란 개인은 물론 사회적으로 의미 있는 일이어야 합니다.

자로가 말했다. "선생님의 뜻을 듣고 싶습니다." 공자가 말했다. "늙은이를
편안히 하며 친구를 믿으며 어린이를 사랑하는 것이니라."

子路曰 願聞子之志하노이다 子曰 老者를 安之하고 朋友를 信之하며 少者
를 懷之니라. (『공야장』)

願:원하다 | 聞:듣다 | 子:스승 | 志:뜻 | 老:늙다 | 安:편안하다 | 朋:벗 | 友:벗
信:믿다 | 少:어린이 | 懷:품다

위의 글은 공자가 제자들에게 각자의 희망을 물었을 때 제자들이 자기의
희망을 말한 뒤에 자로가 제자들을 대표해서 공자의 희망을 묻자 공자가 답
한 내용입니다. 즉 친구를 믿으며 사회적 약자를 배려하는 내용인데, 후자
는 정치를 통해서 더 큰 효과를 낼 수 있는 내용입니다.

옛날부터 지금까지 가장 영향력이 큰 분야는 정치와 교육이었고, 이 두
분야는 성공의 효과가 가장 크기도 합니다. 사실 공자의 제자들이 당시 공
자에게 우선 배우고자 하는 것은 벼슬을 하는 데 필요한 일, 곧 정치에 필요
한 기술과 방법이었습니다. 그러니까 제자들은 작은 고을의 책임자나 관리
가 되고 싶었던 것인데, 실제로 공자의 제자 가운데 이렇게 된 사람도 있었
습니다.

그런 영향으로 후대 유학자들은 과거시험을 통해 관리가 되어 임금을 도우며 백성들이 살기 좋은 나라를 만드는 것이 하나의 꿈이 되었습니다. 문제는 정치 상황이 나빠서 정의로운 사람이 벼슬을 할 수 없거나 또 그런 사람이 선발되지 못하는 데 있습니다. 아무리 실력이 있고 정의로운 사람이라 할지라도 임금이 나를 써주지 않으면 어쩔 수 없는 일이기 때문입니다.

이 경우 자신을 수양하고 학문을 닦으며 제자를 길렀습니다. 대표적인 사람이 조선 중기 서경덕과 조식 선생이었습니다. 훗날 조식의 제자들이 정계에 진출해 나라에 큰 공을 세우기도 했는데, 특히 임진왜란 때 활약한 홍의장군 곽재우나 정인홍 같은 의병장이 대표적입니다.

이처럼 교육(학문)과 정치는 동전의 양면처럼 옛 선비들의 필수 활동영역이며, 그것을 통해 성공을 이루고자 했습니다. 당시 성공이란 개인의 욕심을 채우기보다는 사회적 역할에 초점이 맞추어져 있었습니다.

그러나 오늘날 성공의 분야를 정치나 교육에만 한정할 필요는 없습니다. 필자가 굳이 여기서 일일이 소개하지 않더라도 오늘날에는 분야가 너무 넓어서 정신이 헷갈릴 지경입니다. 따라서 학생들 가운데는 어떤 분야를 선택하고 성공을 위해 노력해야 할지 갈피를 잡지 못한 경우가 수두룩합니다. 심지어 대학생이 되어서도 고민하는 사람들이 많습니다. 그것을 찾기 위해 성급하게 서두를 필요는 없습니다. 천천히 시간을 갖고 꾸준히 찾아보기 바랍니다. 급히 먹는 밥이 체하는 법이니까요.

무슨 일에 성공하고 싶은가?

현대 사회는 활동할 수 있는 분야가 매우 넓고 다양합니다. 어떤 분야의 일을 하든지 그 활동이 누군가에게 도움이 클수록 성공이라 할 수 있습니다.

다만 한 가지 주의할 점은 돈을 많이 벌거나 대중의 인기를 얻는 것만으로 성공했다고 여겨서는 안 된다는 점입니다. 흔히 청소년들은 인생을 긴 안목으로 보지 못하고, 돈이나 인기를 얻는 것만 성공이라고 생각하기 쉽습니다. 우리가 잘 알고 있는 예술가의 작품처럼 그 작가가 살았던 당대에는 큰 인기를 끌지 못했어도 후세 사람들이 그 가치를 알아주는 경우도 많습니다. 대신 그 옛날 인기를 누렸던 대중적 작가에 대해서 지금 누가 기억이라도 할까요? 또 그동안 지구상에 살았던 수많은 부자들을 누가 기억할까요?

설령 돈과 명성을 얻었다고 해도 문제는 그것으로 무엇을 했느냐가 더 중요합니다. 그것을 통해 내가 활동한 결과가 성공을 결정하기 때문입니다. 많은 돈이나 인기로 남의 눈물을 흘리게 할 수도 있고, 위로와 도움을 줄 수도 있기 때문입니다.

또 하나 주의할 점은 부모님이 정해주는 진로를 아무 의심 없이 성공하리라 믿고 그저 따르기만 해서는 안 된다는 점입니다. 부모님은 누구보다 자식을 잘 안다고 여기고 아끼시지만, 부모님의 기대보다는 자기가 그 분야에 호기심을 갖고 상상력을 발휘할 수 있어야 하기 때문입니다. 비록 부모님이 정해주더라도, 반드시 자기에게 맞는지 스스로 천천히 고민해야 합니다.

노자안지붕우신지소자회지(老者安之朋友信之少者懷之)

늙은이를 편안히 하며 친구를 믿으며 어린이를 사랑하는 것. 각각 분리해서 말하기도 함. 「공야장」에서 유래.

성공한 정치

정치와 우리생활

나이 든 어른들을 제외하고 대부분 사람들은 평소 정치에 관심이 많지 않습니다. 청소년들은 더욱 말할 필요가 없겠지요. 그러나 정치만큼 우리 생활과 삶에 밀접하게 관계된 것도 없습니다. 우리생활에 관계된 모든 법률이나 규칙은 물론이고 드러나지 않은 규제나 행사 심지어 물건 값과 같은 사소한 것들도 모두 정치의 산물입니다. 얼마 전 신용카드사의 개인정보누출 사건은 허술한 법과 관리가 빚어낸 예고된 인재였습니다. 따져보면 세밀하지 못한 정치가 빚어낸 잘못이지요.

흔히 정치를 인간 최고의 예술에 비유합니다. 정치를 잘하면 사회가 아름다운 예술의 경지에 오른다는 것입니다. 그래서 선거에서 올바른 정치가를 뽑는 것은 그 사회와 국가의 장래를 위해 중요한 일입니다.

그런데 정치가로서 성공하려면 지켜야 할 원칙과 해서는 안 되는 일이 있습니다. 고대 동아시아 역사에는 비록 오늘날과 같은 선거가 없었지만 그 나름대로 성공한 정치를 위한 원칙이라는 것이 있었습니다. 그것이 오늘날에도 통할까요?

 윗물이 맑아야 아랫물이 맑다

계강자가 공자에게 정치에 대해 묻자 공자가 대답했다. "정치는 바로잡는 것이니 그대가 바른 것으로써 아랫사람을 거느리면 누가 감히 바르지 않겠는가?"

季康子가 問政於孔子한대 孔子對曰 政者는 正也니 子帥以正이면 孰敢不正이리오. 「안연」

問: 묻다 | 政: 정사 | 對: 대답하다 | 正: 바로잡다 | 者: 것 | 子: 그대 | 帥: 거느리다

孰: 누구 | 敢: 감히

계강자는 노나라의 권력을 가진 세 대부 가운데 하나인 계손씨를 말하며 그의 이름은 비(肥)입니다. 노나라는 중기 이후에 제후(왕)가 있어도 맹손

씨·숙손씨·계손씨라는 세 대부의 가문에서 실권을 쥐고 있었습니다. 원래 이 세 대부의 가문은 노나라 제후와 같은 왕족이었으나 세대를 거치면서 대부의 가문이 되었고, 제후를 능가하는 힘과 권력을 쥐고 있었습니다. 대부 가문에서 번갈아가며 이렇게 제후를 무시하고 권력을 쥐게 되니, 또 대부의 가신(家臣)들도 대부들이 하는 짓을 본떠서 권력을 남용하고 자연히 주인을 배신하는 하극상이 넘쳐나게 되었습니다.

바로 이런 상황 때문에 공자는 계강자의 질문에 윗사람이 바르지 않으면서 아랫사람을 바르게 할 수 없다는 것을 깨닫기 위해 이런 말을 한 것으로 보입니다. 우리 속담의 '윗물이 맑아야 아랫물이 맑다'는 말과 같은 이치입니다. 이렇듯 정치는 지도자인 윗사람이 바르지 않으면 제대로 이루어지지 않으며, 반대로 윗사람이 바르다면 정치를 성공적으로 할 수 있는 가능성이 그만큼 많다는 뜻입니다.

예를 들어 보겠습니다. 가령 어떤 아버지가 직장도 팽개치고 맨날 술에 취해 살면서 걸핏하면 아이들에게 공부하지 않는다고 호통만 친다고 합시다. 그러면 아이들은 잠시 공부하려는 마음이 생겼다가도 아버지의 그런 모습을 보면 공부할 마음이 한꺼번에 달아날 것입니다.

또 학교에서 어떤 교사가 자신은 책 한 권도 제대로 읽지 않으면서 학생들에게 책을 많이 읽으라고 가르치려 들면 그 말이 통할까요?

똑같은 이치로 정치가가 입만 열면 국민을 위한다고 말하면서도 뒤로는 기업으로부터 뒷돈을 받고 편의를 봐주는 등 개인적 욕심만 채운다면, 누가 그의 말을 믿고 따르겠습니까?

흔히 말하는 군사부일체(君師父一體)라는 것도 "임금과 스승과 아버지의 은혜가 똑같다"로 풀이되어 있는데, 이조차도 임금노릇, 스승노릇, 애비노릇을 바르게 한 사람에게나 해당되지 않을까요? 그렇지 못하면서 이 논리만 강요한다고 젊은이들의 마음속에서 존경심이 우러나와 순순히 따르지는 않을 것입니다.

그러니 먼저 윗사람이 바르게 살아야 아랫사람을 가르치고 따르게 할 수 있어 정치적으로나 교육적으로 성공할 수 있는 것입니다.

 서두르거나 작은 이익에 집착하지 말라

자하가 거보(노나라 지명) 땅의 책임자가 되어 정치를 물으니 공자가 말했다.
"급히 서두르지 말고 작은 이득을 보려고 하지 말 것이니, 서두르면 도달하지
못하고 작은 이익을 보려하면 큰일을 이루지 못하느니라."

_{자하} _{위 거보재} _{문정} _{자왈} _{무 욕속} _{무 견 소 리} _{욕속 즉 부달}
子夏가 爲莒父宰하야 問政한대 子曰 無欲速하며 無見小利니 欲速則不達

_{견 소 리 즉 대 사 불 성}
하고 見小利則大事不成이니라. 「자로」

爲: 되다 | 宰: 재상 | 問: 묻다 | 無: ~하지 말라 | 欲: 하고자 하다 | 速: 빠르다

見: 보다 | 小: 작다 | 利: 이익 | 達: 도달하다 | 則: 어조사 | 大: 크다 | 事: 일

成: 이루다

나이 든 성인이라면 각자 경험에 비추어 우리나라 이전 정치인들에 대해서 나름대로 평가할 수 있습니다. 나쁜 정치인일수록 자기 임기 기간 내에 당장의 효과만 보려고 사업을 벌였다가 정작 후임 지도자에게 정치적인 부담과 부작용만 남기기도 합니다. 반면에 임기 때는 국민들의 인기나 지지도에 그다지 신경을 쓰지 않다가도 정작 물러났을 때 보면, 그가 당장의 효과나 인기보다 나라의 장래를 위해 힘썼다고 평가할 수 있는 사례도 있습니다.

지방정부의 책임을 맡은 사람들도 마찬가지입니다. 시민 생명이나 안전보다 인기와 지지율을 올리기 위해 당장의 효과와 눈에 보이는 이벤트성 축제나 토목 건설 사업에 막대한 세금을 쏟아 붇는 경우가 참 많습니다. 겉보기는 그럴 듯 보이지만, 실제 경제적 효과도 미미하고, 홍수나 태풍 등의 자연재해에 여지없이 노출되기도 합니다. 공자는 이렇게 서두르지 말고 당장의 작은 효과에 집착하지 말라고 조언합니다.

이런 일은 개인이 하는 일에도 해당됩니다. 필자가 오래 전에 책을 낼 때 이야기입니다. 그때는 빨리 책을 내고 싶은 조급함 때문에 책 내용을 꼼꼼히 살피지 않고 출판사에 원고를 넘겼습니다. 교정지가 왔을 때도 건성으로 훑어보고는 그냥 보냈습니다.

그런데 정작 책이 나오고 난 다음에 다시 읽어보니 오자는 물론이요, 내용이 엉성한 곳이 많았습니다. 더구나 요즘 와서 읽어보면 신중하지 못하거나 세련되지 못한 문장도 자주 발견됩니다. 이게 다 빨리 하려다 제대로 되지 않는다는 증거입니다. 옛 어른들이 일러준 '급할수록 돌아가라'는 말이니 새삼스럽게 떠올랐습니다.

청계천과 4대강

이명박 전 대통령이 서울시장 재임 시 서울 청계천 복원 공사를 완공시켜 좋은 반응을 얻었고, 그 여론에 힘입어 대통령에 당선되었습니다. 사실 현재 복원된 청계천은 장기적인 안목에서 보면 자연하천이 아닌 콘크리트 어항이라서 유지하는 데 계속 많은 비용이 듭니다. 그러나 많은 시민들이 좋아하니까 아직 유지되고 있습니다.

이 사례는 서둘러서 거둔 작은 성공이 대통령이 되는 데 큰 역할을 했지만, 그가 과연 성공한 대통령인지에 대한 평가는 긴 시간이 필요할 것 같지 않습니다. 문제는 대통령이 된 후에도 이런 시각에서 4대강 공사를 임기 내에 끝내려고 무리하게 진행한 결과 부작용이 속출했고, 벌써 좋은 평가를 받지 못하고 있다는 점입니다.

사정이 이러한데도 일부 지자체 단체장들은 이것을 본받아 여기저기 크고 작은 사업을 벌여 서둘러 작은 이익을 보려고 시도했습니다. 얼핏 보면 재임을 하는 데 성공이 되었는지 모르겠지만, 장기적으로 보면 그 지방 주민들에게 큰 부담을 주고 있음이 벌써 확인되고 있습니다. 이런 일 때문에 아직도 어떤 지자체는 예산이 모자라 일을 제대로 진행하지 못하고 있고, 언제 파산할지 모르는 위기감을 안고 있다고 합니다. 시민들은 그런 자들을 단체장으로 잘못 뽑은 대가를 톡톡히 치르고 있는 게지요.

관련된 한자성어

욕속부달(欲速不達)

빨리하려고 서두르면 도달하지 못한다는 뜻으로 「자로」편에서 유래.

성공한 지도자

리더

보통 지도자를 영어로 리더라 부릅니다. 우리는 지도자라고 하면 보통 정치 지도자에 익숙하지만, 작게는 작은 모임의 대표부터 크게는 정부조직이나 학교 및 대기업 등을 운영하는 사람도 지도자라 부릅니다. 게다가 인간은 나이가 들수록 싫든 좋든 한 번쯤은 리더가 됩니다. 한 가정의 가장 또는 소모임의 회장이나 총무, 직장에서 부서의 책임자, 심지어 작은 규모의 가게를 운영해도 리더가 됩니다. 남학생이라면 훗날 군에 입대해서 선임자가 되었을 때도 후임자를 이끌어야 하는 지도자가 됩니다.

이때 지도자가 지도력을 발휘해 조직을 제대로 올바르게 이끌고 나가면 그 조직은 물론 자기 자신에게도 성취감과 성공의 열매가 주어집니다. 지도자의 지도력은 옛날이나 지금이나 변한 것이 없습니다. 다만 조직 내외의 문화가 다를 수는 있지만, 지도자가 구성원들의 신임을 얻어서 이끌어간다는 점에서는 동서고금을 막론하고 통합니다.

인격적으로 이끌어라

공자가 말했다. "백성들을 법을 가지고 이끌고 형벌을 가지고 질서 있게 만들면 백성들이 법망을 벗어나도 수치로 여기지 않는다. 반면에 덕을 가지고 백성들을 이끌고 예법을 가지고 질서 있게 만들면 백성들은 수치를 알고 바르게 될 것이다."

子曰 道之以政하고 齊之以刑이면 民免而無恥니라 道之以德하고 齊之以禮면 有恥且格이니라 『위정』

道: 인도하다 | 而: 어조사 | 齊: 가지런하다 | 刑: 형벌 | 民: 백성 | 免: 면하다

無: 없다 | 恥: 수치 | 德: 덕 | 禮: 예도 | 且: 또 | 格: 바로잡다

공자 시대에는 지도자란 정치에 종사하는 사람들이기 때문에 이렇게 말했지만, 오늘날에는 다양한 분야에 적용될 수 있습니다. 어떤 조직이든 윗

사람과 아랫사람이 있는데, 윗사람은 책임자나 관리자가 되고 아랫사람은 구성원이나 조직원이 됩니다. 이때 공자의 말은 리더인 책임자가 아랫사람을 어떻게 대해야 하는지 잘 알려줍니다.

필자는 교사로 일하며 학생들을 가르친 적이 있었는데, 이 말이 옳다는 것을 제대로 경험했습니다. 경험과 덕이 없었던 병아리 교사 시절에 있었던 일입니다. 학급규칙을 복잡하게 만들고, 규칙을 위반한 학생에게 주는 벌칙을 강화하였습니다. 그럴수록 학생들은 규칙을 어기더라도 걸리지만 않는다면 된다고 여기고, 잘못을 인정하지 않고 뻔뻔스럽게 변해 갔습니다. 반면 경력이 쌓여 경험이 늘어난 이후에는 인격적으로 대하고 포용성과 아량을 발휘했더니, 학생들은 규칙이 없더라도 스스로 질서를 지키며 잘못에 대해 쉽게 인정을 했습니다.

이것은 리더가 구성원들에게 규정이나 규칙만 가지고 엄격하게 대해야 할 것이 아니라, 덕으로 예의를 지키며 인격과 자율을 존중했을 때 더 좋은 결과를 가져온다는 것을 말해줍니다. 사실 규칙이란 적거나 없을수록 더 좋습니다. 아마 부모가 가정에서 자녀들을 대할 때도 이와 비슷한 것 같습니다. 문제 학생의 뒤에는 대부분 문제 부모가 있는 것이 바로 이런 이치 때문입니다.

그런데 언제부터인지 자신의 잘못에 대해 부끄러움을 모르는 사람들이 우리 사회에 적지 않게 등장하였습니다. 이런 행동에 대해 예전에는 '염치(廉恥)가 없다'고 말했고, 염치가 없으면 인간이 아니라고 흉보았습니다. 그러니 성공적인 지도자가 되려면 구성원들이 염치 있게 만들어야 하고, 그렇게 하려면 강압적인 규정이나 벌보다는 예의를 지키며 구성원들을 이해하고 배려하는 덕으로써 이끌어야 합니다.

 **리더가 모범을 보여야**

"윗사람이 예법을 좋아하면 백성들을 감히 공경치 아니할 리 없고, 윗사람이
정의를 좋아하면 백성이 감히 복종하지 않을 리 없으며, 윗사람이 믿어주기
를 좋아하면 백성이 감히 성실하지 아니할 리 없을 것이니, 이와 같으면 사방
의 백성들이 그 자녀들을 업고 그곳으로 찾아들 것이니 어찌 농사를 할 것인
가!"

상   호례즉민막감불경   상   호의즉민막감불복   상
上이 好禮則民莫敢不敬하고 上이 好義則民莫敢不服하고 上이
호신즉민막감불용정   부여시즉사방지민   강부기자이지의
好信則民莫敢不用情이니 夫如是則四方之民이 襁負其子而至矣러니
언용가
焉用稼리오. 『자로』

上: 윗사람 | 好: 좋아하다 | 禮: 예도 | 莫: 없다 | 敢: 감히 | 敬: 공경하다 | 義: 옳다

服: 복종하다 | 信: 믿다 | 情: 성실하다 | 襁: 포대기 | 負: 지다 | 焉: 어찌 | 稼: 농사

이 말은 제자 번지가 농사짓는 법을 가르쳐 달라고 한 질문에 대한 공자
의 답입니다. 공자의 가르침은 구체적인 생산 활동에 종사하는 전문 직업
교육이 아니라 일반적인 지도자 자질에 대한 것이기 때문에 이렇게 대답한

것입니다. 사방의 백성들이 어린 자녀들을 업고 그곳으로 찾아든다는 말은 지도자가 잘 다스리면 살기 좋은 곳이 되기 때문에 그곳으로 이사 온다는 뜻으로, 이사를 많이 오면 그 지도자가 다스리는 나라는 인구가 늘어나 노동력과 세금이 늘어나기 때문에 좋은 일입니다.

지도자가 예절을 지키면 구성원들은 자연히 그를 공경하며, 리더가 정의로우면 조직원들은 자연히 따르게 됩니다. 게다가 리더가 믿어주면 구성원들은 자신이 하는 일에 성실하지 않을 수 없습니다. 동서고금의 뛰어난 리더들은 다 이런 원리로 조직을 성공적으로 이끌었습니다. 그렇다면 리더의 자질과 능력은 어떻게 키우는 걸까요? 그냥 타고나는 것일까요?

오늘날 우리 사회에는 아직도 이른바 일류대학을 졸업하거나 학력만 높으면 저절로 뛰어난 리더가 되거나 고액 연봉을 받는 회사 임원이 된다고 믿는 사람들이 많습니다.

그러나 잊지 마십시오. 저절로 리더가 되는 법은 결코 없습니다. 학벌만 좋다고 그냥 월급을 많이 주는 곳도 없습니다. 아무래도 명문 대학 출신이 능력이 뛰어나고 좋은 리더가 되어 월급을 많이 받을 가능성이 높아 보이나, 그런 대학을 졸업하지 않았다고 해서 반드시 능력이 뒤처진다는 법은 없습니다. 명문 대학을 졸업해도 능력이 모자라 취업을 못하고 평생 부모님이나 가족의 도움으로 살아가는 사람들도 있습니다. 게다가 그런 대학을 졸업하지 않아도 리더로 성공한 사람이 많습니다. 리더로서의 자질도, 일할 능력도 없으면서 유명 대학만 졸업하면 좋은 직장에 취직되는 그런 시대는 이미 물 건너간지 오래되었다는 뜻이지요.

그러니 성공하려면 리더로서의 자질과 능력을 키우는 게 최상입니다. 예전에는 그런 능력과 자질을 검증할 도구가 부족해서 학벌만 믿고 취업시킨 때가 있었지만, 요즘은 검증할 도구가 많아 다방면으로 필요한 사람의 자질과 능력을 시험하고 찾아내고 있습니다. 문제는 그러한 인재가 적다는 것입니다.

그렇다면 그런 자질을 어떻게 키울까요? 그것은 우선 아이가 태어나서 최초의 스승인 부모로부터 기본이 되는 태도를 제대로 배워야 합니다. 다음으로 대학에 들어가기까지 학교 교육에서 나름대로 그 가능성을 키워야 합니다. 그런데도 시험공부만 잘해서 원하는 대학에 들어가기만 하면 그런 능력이 생긴다고 믿는 부모가 많으나 그것은 오산입니다. 20년 가까이 계발되지 못했던 능력이 4년 만에 생긴다는 것은 말이 안 됩니다. 따져 보십시오. 리더의 자질과 능력은 거의 인성교육 내용에 모두 들어 있는 것들입니다. 인내 · 끈기 · 겸손 · 예절 · 정의감 · 신뢰성 · 포용성 등이 모두 그런 것 아닙니까? 먼저 올바른 인간이 되는 것, 그것이 바로 리더의 자질과 능력을 키우는 것입니다.

봉사활동

미국 학생들은 훗날 리더가 되려면 봉사활동을 많이 해야 합니다. 우리도 봉사활동을 중요시하여 입시에 반영한 적도 있었습니다. 그러나 입시에서 유리하게 하려고 억지로 하는 봉사활동이 제대로 되기는 어려울 것입니다. 봉사활동이란 봉사를 받는 사람의 입장에서 하는 활동입니다. 그러니 그런 활동을 통해 다른 사람의 처지를 이해하고 공감하는 것을 배우게 됩니다. 남의 처지를 이해하고 공감할 수 있는 능력이 있다면, 그 사람은 벌써 리더의 자질을 갖추기 시작한 것입니다.

　여러분 가운데 누가 혹 '나는 리더가 안 될 거야'라고 마음속으로 생각할지 모르지만, 리더가 안 되려면 사회생활을 하지 않고 혼자 사는 길을 택해야 합니다. 그런 길은 없습니다. 그러니 우선 집안일부터 도와보세요. 가족에게 하는 봉사라 생각하고 말입니다. 그러면 틀림없이 가족을 이해하고 공감하는 마음이 생길 겁니다. 그러면 여러분은 그만큼 더 리더의 자질을 키운 소중한 경험을 한 셈입니다.

 관련된 한자성어

유치차격(有恥且格)

수치를 알고 바른길에 이른다는 뜻 또는 잘못을 부끄러워할 줄 알아야 바르게 된다는 뜻으로 「위정」편에서 유래.

성공의 기준

삶의 목표

작은 성공과 실패는 일상생활에서 자주 마주칩니다. 게임을 하거나 운동을 하는 등 어떤 목표에 대해 도달하면 성공, 못하면 실패라는 판정을 하게 됩니다.

우리가 살아가는 데도 크고 작은 목표를 세웁니다. 그 목표에 도달하면 성공이지만 도달하지 못하면 실패입니다. 그러니까 목표에 따른 도달 여부가 성공이냐 실패냐가 결정되는 것이죠. 그러나 목표를 이루었다고 다 성공이라고 말하기는 어렵습니다. 바람직하지 않은 일, 가령 도둑질이나 사기 같은 나쁜 일의 경우가 그렇습니다.

그렇다면 일제강점기 때 일왕을 저격하려다 실패한 이봉창 의사는 과연 실패한 인물일까요? 실패했으니까 성공했다고 말할 수 없을까요?

 **원대한 목표를 세우라**

공자가 말했다. "사람에게 멀리 내다보는 생각이 없으면 반드시 가까운 근심이 있게 된다."

子曰 人無遠慮면 必有近憂니라 (「위령공」)

無: 없다 | 遠: 멀다 | 慮: 생각하다 | 必: 반드시 | 有: 있다 | 近: 가깝다 | 憂: 근심

여(慮)는 '생각하다·꾀하다·근심하다·걱정하다'라는 뜻인데, 여기에서는 생각하다와 꾀하다란 뜻으로 보입니다. 근심하다 또는 걱정하다의 뜻으로 해석해서 "사람에게 먼 근심이 없으면 반드시 가까운 근심이 있게 된다"라고도 풀이할 수 있는데 이 또한 앞의 해석과 통합니다. 여기서 '멀리 내다보는 생각'을 꾀하다와 관계시켜서 '원대한 꿈'으로 볼 수도 있습니다.

개인이나 어떤 집단에 있어서 원대한 꿈은 바로 목표를 말합니다. 그 목표에 도달하느냐 하지 못하느냐에 따라 그 사람의 삶이나 집단의 활동이 성공이나 실패로 갈라집니다.

그런데 원대한 목표만 쫓아가다 보면 목표는 너무 멀고 그때그때의 실천이 목표에 얼마나 도달했는지 아니면 도대체 제대로 목표를 향해가고 있는지 의심이 들 때가 많습니다. 그 때문에 사람들은 좌절하기도 하고 회의에 빠지기도 합니다. 그것을 방지하기 위해 몇 개의 중간 목표를 세우기도 합니다. 사람의 일생이라면 연령대별로 이십대·삼십대·사십대·오십대에 제각기 이룰 목표로 나누기도 합니다. 현명한 방법이라고 생각됩니다. 이 경우 각 단계마다 목표를 달성했다면 작은 성공들이 모여 큰 성공이 되는 것입니다.

이렇게 원대한 계획을 세워 내가 의도했던 방향대로 일이 이루어졌을 때 성공이라 말할 수 있는데, 의도하지도 않았는데 많은 돈이 생기고 지위가 높아졌다면 성공이라고 할 수 있을까요? 가령 로또복권에 당첨되거나 내가 계획하지도 않았는데 운이 좋아 많은 돈을 벌었다고 합시다. 물론 그 시점에서 많은 사람들은 성공이라 말하겠지만 이 경우는 더 지켜보아야 합니다. 왜냐하면 많은 돈 때문에 도리어 불행해지는 경우가 생길 수 있기 때문입니다. 또 갑자기 지위가 높아진 경우도 마찬가지입니다. 다행이 그 사람의 능력이 출중하다면 모르지만 준비되지도 않은 상태에서 지위만 높아진다면 도리어 화를 자초하게 됩니다.

이렇게 바람직한 삶의 목표 도달 여부에 따라 성공이 결정된다는 기준에서 보면, 성공이란 타인의 시선이나 외형적 모습에 있는 것이 아니라 어떤 가치관에 따른 노력과 능력에 의하여 결정된다는 것을 알 수 있습니다.

공자가 말했다. "싹이 돋아도 꽃을 피우지 못한 것도 있으며, 꽃은 피었으나
열매를 맺지 못하는 것도 있구나!"

子曰 苗而不秀者가 有矣夫며 秀而不實者가 有矣夫인저 (「자한」)

苗: 싹 | 秀: 꽃피다 | 者: 것 | 而 · 矣 · 夫: 어조사 | 不: 아니다 | 實: 열매

싹이 돋아도 꽃이 피지 못한 것은 초기에 실패하여 주저 않는 경우요, 꽃
은 피었으나 열매는 맺지 못하는 것은 일이 잘되어 가다가 중단하는 경우
입니다. 우리말에 "가다가 중지하면 아니 감만 못 하니라"라는 속담이 있는
데, 바로 이런 경우를 두고 한 말입니다. 배움의 길에서 중도에 포기하는 것
과 일이 실패로 돌아가서 그만두는 것도 그렇습니다.

청소년들이 하던 것을 중단하는 경우는 대개 공부입니다. 그래서 학교
공부를 포기하고 더 쉬워 보이는 길을 택하기도 합니다. 필자도 학교 다닐
때 집을 떠나 유학을 계속하는 처지라 가정 형편상 공부를 포기하고 취업을
할까 생각한 적이 있었습니다. 지금 생각해 보니 그래도 어려움을 참고 공
부를 끝까지 마친 것을 천만다행으로 여기고 있습니다.

그런데 청소년들 가운데 어쩔 수 없이 실패하는 경우가 있습니다. 가령
대학입시에 실패할 때입니다. 불행히도 우리나라 제도는 10대 후반 20대

초반의 지식이 평생에 영향을 끼치고 있습니다. 그래서 원하는 대학 진학에 실패하면 정말 큰일 난줄 알고 재수나 삼수를 해서 기어코 원하는 대학에 들어가려고 합니다. 만약 그래도 못 들어가면 스스로 인생의 낙오자로 여겨 평생 '루저'로 사는 경우가 많습니다.

정말 실패자가 되는 것은 입시에 실패해서가 아니라 실패를 실패로만 받아들이는 그 순간부터입니다. 싹이 돋아도 꽃이 피지 못한 것도 있으며, 꽃은 피었으나 열매를 맺지 못하는 것이 바로 그 상황을 두고 말한 것입니다. 인간의 능력이나 인격이 10대 후반이나 20대 초반에 완성되는 것은 결코 아니지 않습니까?

대개 일의 결과를 두고 성공이라 말하지만 때로는 그 과정에서도 드러나기고 합니다. 어떤 사람이 자기가 원하는 목표를 달성하기 위하여 노력했을 때, 비록 원하는 목표를 성취하지 못했더라도 좋은 결과를 얻을 수 있기 때문입니다. 그 경우 성공이라 말할 수 있습니다. 이봉창 의사가 바로 이 경우에 해당됩니다. 비록 일왕 저격에는 실패했어도 이후 독립운동에 큰 힘과 자극을 주었기 때문이지요. 또 미국의 소설가 대니얼 호손이 쓴 소설 『큰 바위 얼굴』의 주인공처럼 큰 바위 얼굴을 닮은 사람을 수없이 기다렸어도 만나지 못했지만, 결국 자신이 그 큰 바위 얼굴을 닮아 간 것처럼 말입니다.

어떤 면에서는 실패를 해 보는 것이 좋습니다. 실패를 맛보지 못한 사람은 진정한 성공을 모릅니다. 그저 운이 좋았을 뿐입니다. 그래서 '실패는 성공의 어머니'라고 말합니다. 실패는 단순히 실패로 끝나는 것이 아니라 성공을 위한 교훈을 주기 때문입니다. 성공한 사람들은 대다수가 이러한 실패를 통해 성공의 열쇠를 찾았습니다.

그러니 세상에서 가장 위험한 인물은 범죄자나 정신병자만이 아닙니다. 그들의 위험은 우리가 알기 때문에 감옥이나 병원에 보낼 수라도 있습니다. 정작 위험한 인물은 한 번도 실패를 해 보지 않은 사람입니다. 매사에 확신에 차 있고 독선과 아집으로 무조건 '하면 된다'고 믿는 사람입니다. 이런 사람이 조직의 리더나 국가의 정치 지도자가 되면 조직이나 국가를 커다란 위험에 빠뜨릴 수 있습니다. 역사에서도 이런 인물을 얼마든지 찾을 수 있습니다. 실패는 피하도록 노력해야 하겠지만, 피할 수 없는 것이라면 거기서 성공의 열쇠를 찾아야 합니다.

작은 성공도 행복하다

삶의 목표는 그 사람의 가치관이나 철학에 따라 달라질 수 있습니다. 그러니 삶의 목표와 상관없이 야구선수의 빗맞은 안타처럼 한 순간의 행운이 진정한 성공이라 할 수 없고, 거리의 쓰레기를 줍는 노년의 봉사활동만으로도 그것이 삶의 목표 가운데 하나라면 성공이라 여길 수 있습니다. 설령 이런 성공을 누가 알아보지 못할 수도 있겠지만, 그 가치 자체는 결코 무의미하지 않습니다. 역사상 수많은 부자와 지위가 높았던 왕이나 귀족이 있었지만, 그런 부와 지위가 자기 노력과 상관없이 우연히 찾아오거나 태어날 때부터 갖춰진 사람들에 대해서 역사는 성공했다고 말하지 않습니다.

그러니 비록 작은 목표라도 세우고 그 목표의 달성에 만족할 때 사람들은 행복을 느끼는데, 이런 작은 행복도 나름대로 성공해야 다가옵니다. 그러니 작은 성공에 따른 행복도 결코 무시할 수 없고, 그런 사람이 많아질 때 그만큼 우리 사회는 살기 좋은 사회가 되기도 합니다.

 관련된 한자성어

원려근우(遠慮近憂)

먼 앞날을 걱정하지 않으면 가까운 장래에 근심이 생긴다는 뜻으로 「위령공」에서 유래.

수이부실(秀而不實)

꽃은 피었으나 열매를 맺지 못했다는 뜻으로 곧 학문은 진보하였으나 완성하지 못하고 중도에서 그침을 비유하여 이르는 말로서 「자한」편에서 유래.

성 공 을 위 한 태 도

싸가지 없는 놈

우리는 주변에서 어떤 사람이 누군가에게 말하는 '싸가지 없는 놈!'이라는 말을 흔히 듣게 되는데, 비속어 '싸가지'는 '싹수'의 사투리입니다. 싹수란 원래 식물의 어린 싹을 말하는데, 어떤 사람이나 일이 앞으로 잘 될 것 같은 낌새나 징조를 말합니다. 그러니 '싹수가 없다'는 말은 원래 가능성이나 희망이 없다는 뜻으로 저주스런 악담에 가까운 말입니다. 바로 앞장에서 공자가 말한 묘(苗: 싹)와 수(秀: 이삭)는 싹수를 뜻합니다. 그럼에도 불구하고 대부분 사람들은 흔히 아랫사람이 버릇이나 예의가 없거나 태도가 불손할 때 사용하고 있습니다.

어쨌든 많은 사람들로부터 싹수가 없다는 평판을 자주 듣는 사람은 성공할 가능성이 낮습니다. 그 사람에 대한 여러 사람들의 평가이기 때문입니다. 그래서 성공한 사람들은 나름대로 성공할 만한 인품이나 태도를 가지고 있습니다. 그 가운데『논어』에 등장하는 몇 가지를 살펴보기로 하겠습니다.

세 가지 경계할 일

공자가 말했다. "군자는 세 가지 경계할 일이 있으니, 어렸을 때는 혈기가 아직 정해지지 않았으니 경계하는 것이 색욕에 있고, 장성해서는 혈기가 바야흐로 강하므로 경계하는 것이 싸움에 있고, 늙음에 이르러서는 혈기가 이미 쇠하여졌으니 경계하는 것이 탐욕에 있느니라."

공자왈 공자   유삼계   소지시   혈기미정   계지재색   금기장야
孔子曰 君子는 有三戒하니 少之時에 血氣未定이라 戒之在色이오 及其壯也

혈기방강   제지재투   급기로야   혈기기쇠   계지재득
하여는 血氣方剛이라 戒之在鬪요 及其老也하여는 血氣旣衰라 戒之在得이

니라 (『계씨』)

戒 : 경계하다 | 血 : 피 | 氣 : 기운 | 未 : 아니다 | 定 : 정하다 | 色 : 색욕 | 壯 : 젊다

剛 : 굳세다 | 鬪 : 싸움 | 老 : 늙다 | 衰 : 쇠하다 | 得 : 이득

경계한다는 것은 조심하거나 주의해야 한다는 말로 바꿀 수 있습니다. 혈기(血氣)란 피의 기운이란 뜻으로, 힘을 쓰고 활동하게 되는 우리 몸의 에

너지라 말할 수 있습니다. 여기서 말하는 어렸을 때는 유아기를 말하는 것이 아니라 10대 후반이나 20대 정도에 해당하는 청소년기나 청년기를 말합니다. 그러니 그때는 몸의 기운을 어디에 쓸지 아직 정해지지 않은 경우가 많아서 이성과의 본능적인 성관계에 집착하고 거기에 온 에너지를 쏟으려고 하므로 조심하라는 말입니다. 필자는 살아오면서 주변에 10대 후반에 일찍 남녀관계에 눈뜬 사람을 가끔 보았는데, 대개 그 사람의 삶이 잘 풀리는 것을 보지 못했습니다. 그것은 한창 미래를 위해 공부할 나이에 엉뚱한 곳에 시간과 힘을 낭비했기 때문입니다.

장성한 때는 30대에서 50대를 말하는데 혈기가 강하므로 싸움에 조심하라고 합니다. 이때는 나름대로 세상을 살아온 경험도 있고 돈도 있습니다. 그래서 자신감이 어느 정도 넘칩니다. 여기서 말하는 싸움이란 물리적으로 치고 박고 싸우는 것도 있겠으나, 법정 다툼이나 도박 같은 것도 해당됩니다. 심지어 경쟁적으로 돈을 더 많이 벌고자 땅이나 건물 또는 주식 등에 하는 묻지마 투자도 해당됩니다. 우리 주변에는 그런 자신감을 잘못 사용하여 더 크게 실패한 사람을 자주 봅니다. 크게 해 보려다가 크게 망한 것이 그것입니다. 그래서 이런 투자도 조심해서 하라는 겁니다.

60대 이후부터는 개인차는 있으나 대개 신체적으로 기운이 약해지게 됩니다. 비록 힘과 자신감은 떨어져도 도리어 가진 것은 많고 경험도 풍부합니다. 그래서 다른 것을 못하는 보상심리로 탐욕에 집착하는 경향이 있습니다. 이것이 지나치면 노탐(老貪)이라는 비난을 받습니다. 그래서 그것을 경계하라는 뜻입니다. 노년은 삶의 완성을 향해 가야 하는 때이므로 남에게 선행을 베풀거나 봉사하고, 자신의 인생을 되돌아보아 지혜를 발휘하여 아름다운 향기를 뿜어내야 합니다.

그런데도 우리 사회에 이른바 원로라고 대접받는 사람들 가운데는 권력이나 벼슬자리나 명예나 돈을 탐내는 인사들이 참 많아 보입니다. 심지어 과거의 명성을 믿고 추악하게 정권의 실세에 추파를 던지고 방송에 얼굴이나 팔려고 안달하고 있습니다. 참으로 비루하고 아름답지 못한 일입니다. 그들이 『논어』의 이 구절을 제대로 읽어 보았는지 의심됩니다.

 성공의 다섯 가지 열쇠

공자가 말했다. "다섯 가지를 천하에 실천할 수 있다면 인간다운 사람이 된다." "그 다섯 가지가 무엇인지 말씀해 주십시오." 말하기를 "공손·관용·신뢰·민첩·은혜이니, 공손하면 모욕을 당하지 않고, 관용을 베풀면 여러 사람이 따르고, 신뢰를 얻으면 남이 일을 맡기고, 민첩하면 일을 이룰 수 있고, 은혜를 베풀면 남을 부릴 수 있느니라."고 하였다.

孔子曰 能行五者於天下면 爲仁矣니라 請問之한대 曰 恭寬信敏惠니
恭則不侮하고 寬則得衆하고 信則人任焉하고 敏則有功하고 惠則足以使人
이니라 (「양화」)

能: 능하다 | 行: 행하다 | 恭: 공손하다 | 寬: 너그럽다 | 信: 믿다 | 敏: 민첩하다

惠: 은혜를 베풀다 | 衆: 무리 | 任: 맡기다 | 足: 넉넉하다 | 使: 부리다

앞의 말은 공자의 제자인 자장이 인간다운 사람에 대해서 물은 뒤에 이어지는 이야기입니다. 이 또한 성공을 이룰 수 있는 열쇠가 됩니다.

성공의 첫째 열쇠는 '공손'입니다. 우리 속담에 "웃는 얼굴에 침 뱉으랴"라는 말처럼 공손하면 일단 남에게 좋은 인상을 줍니다. 그 공손이 누구에게나 한결같다면 겸손하다는 평가를 받고 윗사람이나 아랫사람 모두로부터 모욕을 당하지 않습니다. 모욕이란 나의 불손함에서 비롯하여 상대방으로부터 당하는 것입니다.

둘째 열쇠는 관용입니다. 관용은 내가 유리한 위치에 있을 때 불리한 사람에게 베푸는 너그러움입니다. 유리한 위치에 있는 내가 불리한 위치에 있는 사람에게 너그럽게 대하면 그는 나를 고맙게 생각하고 자연히 따르게 됩니다. 그가 나를 따르면 나는 사람을 얻게 되니, 자연히 성공에 다가가는 겁니다.

셋째는 신뢰입니다. 내가 믿음직하다면 누군가 나에게 일을 맡깁니다. 내게 그것을 해낼 능력이 있다고 보기 때문입니다. 그 일이란 사람에 따라 다르겠지만 큰 벼슬자리일수도 있고 회사의 높은 직책일 수도 있고 작은 일일 수도 있습니다. 어쨌든 일을 성실하게 잘할 수 있다는 믿음이 있어야 가능한 일입니다.

넷째는 민첩함입니다. 민첩함이란 다른 말로 순발력과 근면이라고 말할 수 있습니다. 매사에 부지런하고 순발력이 뛰어나다면 일을 이룰 수 있지 않겠습니까? 성공이란 이렇게 일을 뒤로 미루지 않고 야무지게 하는 데서도 이루어집니다.

끝으로 은혜를 베푸는 일입니다. 은혜 또한 관용과 같아서 내가 그것을 베풀 만한 위치에 있을 때 가능합니다. 그렇게 하면 자연히 나에게 혜택을 받은 사람들은 나의 부탁이나 일을 안 들어 줄 수 없습니다. 그래서 남을 부릴 수 있습니다.

성공의 비법

어떤 일을 해결하기 위한 무슨 비법이니 열쇠니 하는 말은 사실 자기주장을 강조하기 위한 것이고, 어떤 일에 반드시 이런 방법이어야 한다는 것은 없습니다. 여러분 나름대로 성공을 위한 태도나 방법을 정리할 수 있습니다. 가령 학교의 교훈 가운데 근면(勤勉)·성실(誠實) 등이 있는데, 이 또한 성공을 위한 두 가지 열쇠라 압축할 수 있습니다. 매사에 부지런하고 성실한 사람은 성공할 수밖에 없습니다. 사실 하나의 열쇠만 말하라고 하면 성실이라고 말할 수 있습니다. 근면도 성실 속에 포함되는 말이니까요.

성실이란 원래 유교철학의 성(誠)에서 나온 말입니다. 성이란 풀이하면 정성·진실·참 등으로 표현하는데, 자연의 변화가 사시사철 어김없이 운행하듯 인간의 태도도 그와 같이 하는 것을 말합니다. 그래서 『중용』에 "성실한 것은 하늘의 길이요, 성실하게 실천하는 것은 인간의 길이다"라고 말했고, 또 "성실하지 않으면 되는 일이 아무것도 없다"고 했습니다. 또 우리 속담에 '지성이면 감천' 곧 지극한 정성이면 하늘도 감동시킨다는 말도 이것입니다. 그러니 성공의 열쇠는 한마디로 성실이라고 말할 수 있겠지요.

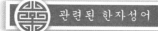

군자삼계(君子三戒)

군자가 경계해야 할 세 가지 일로서 색욕과 싸움과 노탐으로 「계씨」편에서 유래.

성 공 을 위 한 처 세

처세술

성공적인 삶을 위해서는 세상을 살아가는 지혜가 필요합니다. 살기 좋은 세상도 있고 살아가기 험악한 세상도 있기 때문입니다. 전제군주가 다스리던 옛날에 험악한 때가 더 많았고, 오늘날은 민주정치를 시행하는 나라가 많기 때문에 험악하지 않다고 말하기 쉽지만 꼭 그렇지만은 않습니다. 겉보기에는 그렇게 보일지 몰라도 당대 정권이나 기득권층의 이익에 도전하거나 위협이 되면 험악한 꼴을 당하는 것은 별반 차이가 없기 때문입니다. 다만 험악한 일을 당하는 방법에 차이가 있을 뿐입니다.

그래서 예나 지금이나 어떤 세상이든 나름대로 슬기롭게 살아가는 지혜가 필요합니다. 그것을 처세술이라고 불렀습니다. 그 가운데 오늘날에도 통용되는 지혜를 한두 가지 살펴보겠습니다.

 이익을 탐한다는 인상을 주지 말라

공자가 말했다. "이익만을 추구하여 행하면 원망이 많으니라."

子曰 放於利而行이면 多怨이니라 (「이인」)

放: 놓다 | 於: ~에(어조사) | 利: 이익 | 行: 행하다 | 多: 많다 | 怨: 원망하다

정당한 이익을 취하는 것을 나쁘다고 말할 수 없습니다. 그리고 이익을 탐한다는 것은 금전적으로 자신의 개인적 이득에 집착하는 경우만을 꼬집어 한 말은 아닐 것입니다.

먼저 금전적으로 자신의 이득만을 취한 경우는 많습니다. 그 가운데 이런 것도 있습니다. 필자가 어렸을 때 고향사람 가운데 누가 공무원 생활을 한 결과 서울에서 집을 몇 채 가진 부자가 되었다고 자랑한 사람이 있었습니다. 그 사람은 부모로부터 많은 유산을 물려받은 것도 아니고 그렇다고 배우자가 큰 사업을 하지도 않았습니다. 그런데도 공무원이 부자가 되었다는 것은 지나친 이익을 탐낸 결과가 아닐까요? 지금 생각해 보면 이처럼 어

처구니없게도 부자가 된 것을 자랑하니, 참으로 부끄러운 줄 몰랐던 것입니다.

회사의 경우도 마찬가지입니다. 기업의 목적이 일차적으로 이윤 추구에 있으나 오로지 영업이익만 추구하면 사회로부터 미움을 받습니다. 그래서 좋은 기업은 기부도 많이 하고 사회를 위해 봉사하기도 합니다.

또 이익을 탐한다는 것은 꼭 금전만이 아니라 자신의 편안함과 안전만을 고집하는 경우도 있습니다. 흔히 말하는 무사안일의 태도가 그것입니다. 어떤 개인이나 조직의 책임자가 그런 태도를 가지게 되면 구성원들이 모두 싫어하고 협조하지 않게 됩니다. 반면 자기가 다소의 희생을 감수하더라도 어려운 일에 앞장서면 모두들 좋아하고 따르게 됩니다. 특히 지도자가 아랫사람에게 무턱대고 책임을 돌리는 것도 구성원들로부터 가장 큰 원망을 사는 일입니다. 자기 혼자 안전하며 편하자고 아랫사람에게 책임을 떠넘기는 비열한 태도로 비치기 때문입니다.

이러니 가정에서나 학교에서나 동창모임이나 직장 할 것 없이 꼭 돈과 관계되는 문제만이 아니더라도, 내가 편하고자 게으르거나 작은 편법만 써도 이익만을 추구한다는 인상을 남기게 됩니다. 그런 사람은 결코 성공하기 어렵습니다. 성공이란 대부분 혼자의 힘만이 아닌 주변 사람들의 도움과 협조로 이루어지기 때문입니다. 지금의 나의 작은 손해나 희생이 뒷날 성공의 밑거름이 된다는 사실을 꼭 믿기 바랍니다.

공자가 말했다. "그 자리에 있지 아니하면 그 자리의 정치를 꾀하지 말아야
한다."

子曰 不在其位하얀 不謨其政이니라 『태백』

在: 있다 | 不: 아니다 | 位: 자리 | 不: ~말라 | 謨: 꾀하다 | 政: 정사

원문에서 중요한 글자는 모(謨)입니다. 보통 꾀하다, 의논하다로 풀이하
는데 예전에는 주로 의논하다로 풀이했습니다. 그렇게 되면 "그 자리에 있
지 아니하면 그 자리의 정치를 논의하지 말아야 한다"로 풀이됩니다. 그러
나 민주사회의 현대인들에게는 좀 설득력이 약한 뜻이 됩니다. 그래서 꾀
하지 말아야 한다고 풀이했습니다.

민주사회에서는 대통령이나 국회의원 또는 장관이 관여한 정치에 대해
서 국민 누구든 자기 나름의 자유로운 평가를 할 수 있습니다. 물론 그 평가
가 정당할 수도 있고 부당할 수도 있지만 말입니다. 권력을 위임받은 정치
가의 행위에 대해 그 권력을 맡긴 주인이 평가하는 것은 당연한 일이기 때
문입니다.

그런데 공자가 살았던 시대는 왕이나 제후가 주인이고, 그들이 누구에게
일을 맡겨서 정치를 행하기 때문에, 그 일을 맡지 않은 사람들이 함부로 그

정치를 논해서는 안 된다는 금기가 작동했을 겁니다.

　그러나 공자의 이 말이 보편성을 띠려면 그 자리에 있지 않는 사람은 그 일에 관여하거나 나서지 말아야 한다는 뜻으로 보면 더 좋습니다. 그리고 그 정치는 일로 대신해 보아야 합니다. 가령 한 가정에서 가장의 지위에 있는 부모의 역할을 무시하고 자식이 제 맘대로 일을 처리한다거나 부모의 일 처리에 대해 왈가왈부한다든지, 학교에서 교사가 학생들을 지도할 권리를 갖고 있음에도 불구하고 학생들이 가르치는 내용에 대해서 불응하고 따진 다거나, 직장상사가 하는 일에 대해서 부하직원이 자기 임의대로 한다거나 간여해서는 안 되는 일 등이 그것입니다. 다만 부모나 교사나 직장상사가 물어보거나 같이 의논하자고 할 때 응해야 하는 것입니다.

　일부 비판하는 사람들은 공자의 이 말이 윗사람의 입장만 옹호하는 발언이라고 보아 강자의 논리라고 지적합니다. 그래서 아랫사람을 억압하는 발언이라고 비판합니다. 그러나 공자의 생각은 당시 춘추시대에 아랫사람이 윗사람을 죽이거나 참칭(僭稱:자기 분수에 넘치는 칭호를 함부로 붙임)하는 일이 다반사로 일어났기 때문에 혼란한 사회가 질서 잡혀 평화롭게 되기를 바라는 마음에서 한 말이기 때문에 잘못되었다고 생각되지는 않습니다.

　다만 오늘날 입장에서 국가나 사회의 발전과 평화 유지 그리고 화목한 가정을 위하여 나름대로 역할과 질서가 필요하기 때문에 여전히 유효한 것입니다. 더구나 성공이란 혼자서 해내는 것이 아니고 대개 윗사람이 신임하고 큰일을 맡겼을 때 이루는 것이므로, 더욱 윗사람이 하는 일에 함부로 간여하거나 나서서는 안 될 것입니다.

모난 돌이 정 맞더라도

남의 일에 함부로 나서지 말아야 하지만, 반드시 나서야 할 때도 있는 법입니다. 가령 정치가나 직장상사 또는 스승이나 부모가 누가 보더라도 명확한 잘못했을 때 모른 척하고 눈감고 있을 수는 없는 법입니다. 그럴 때 아랫사람이 나서서 잘못을 지적하거나 충언을 올릴 때 불이익을 당할 수도 있습니다. 그래서 사람들 가운데는 "모난 돌이 정 맞는다"는 속담으로 간여하지 말 것을 권고하고 그것이 처세술이라고 강변합니다.

그렇다면 그것이 과연 옳은 일일까요? 모난 돌이 정 맞더라도 말해야 하지 않을까요? 제대로 된 윗사람이라면 이러한 충언에 대하여 자기의 잘못을 금방 깨닫고 알려 준 것을 고맙게 여기지 않을까요? 물론 아둔한 윗사람이라면 불이익을 주겠지만, 그것은 불이익을 준 사람의 잘못과 허물이지 충언을 올린 사람의 잘못이 아니기 때문에, 충언을 올린 그 자체는 상을 주어야 마땅한 의로운 행위가 되는 것입니다.

그렇더라도 그 충언은 공손하고 부드럽게 해야 한다는 것을 잊지 말아야 합니다. 부모에게는 그것을 간한다고 그랬죠? 따지며 투쟁하듯이 대들면 이 세상에 들어줄 윗사람은 아무도 없습니다. 부모라도 말입니다. 하물며 선배나 스승이나 직장 상관은 오죽하겠습니까?

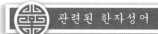 관련된 한자성어

방리다원(放利多怨)

이익만을 추구하여 행하면 남의 원망을 많이 사게 된다는 말로서 「이인」편에서 유래.

불모기정(不謀其政)

자기가 그 지위에 있지 않으면 남의 권한을 침해하지 않는다는 뜻으로 「태백」편에서 유래.

자 기 관 리

건강관리

감기에 걸려 병원에 가면 의사가 자주 묻는 질문 가운데 하나가 음주와 흡연을 하느냐는 말입니다. 비록 음주와 흡연을 하고서도 장수하는 사람도 드물게 있지만, 대체로 그것들은 건강을 위협하는 적입니다. 어쩌다가 술을 마시거나 담배 한두 개비를 피우는 것보다 매일 습관적으로 하는 것은 더욱 치명적이라고 합니다.

이렇게 건강을 위한 자기관리에는 음주와 흡연 외에도 꾸준한 운동과 규칙적인 식사 등을 권하고 있는데, 건강관리도 성공을 위한 자기관리 가운데 하나입니다. 이 외에 올바른 생활습관도 여기에 포함될 것입니다.

『논어』에도 공자가 술이나 음식에 대한 태도와 친구사귀기, 좋아하는 것 등에 관한 내용들이 꽤 보입니다. 그중 한두 가지 소개하겠습니다.

 술과 음식

(공자는) 고기가 비록 많아도 밥기운보다 넘치게 먹지 않았으며 술은 정해진 양이 없으나 정신이 혼란해질 때까지는 마시지 않았다.

肉雖多나 不使勝食氣하며 唯酒無量하되 不及亂이러다 (『향당』)
（육수다）（불사승사기）（유주무량）（불급란）

肉: 고기 │ 多: 많다 │ 使: 하여금 │ 勝: 이기다 │ 食: 밥 │ 唯: 오직 │ 酒: 술 │ 量: 양

及: 미치다 │ 亂: 어지럽다

사기(食氣)로 풀이되는 밥 기운은 곡기(穀氣)라고 합니다. 원문에는 안 나오지만 고기 기운은 육기(肉氣)가 될 것이고 술기운은 주기(酒氣)로 표현합니다. 여기서 밥이란 쌀이나 보리·밀 등의 곡류로 만든 것인데 대체로 농사를 많이 짓는 동아시아인들의 주식(主食)이고, 고기와 채소 또는 생선은 부식(副食)이 됩니다.

공자가 살던 당시에는 육식을 자주 할 만한 경제적 여건이 충족되지 않았기 때문에 고기를 많이 먹을 기회가 적었을 것입니다. 물론 이는 우리의

266

전통이기도 합니다. 비록 고기를 많이 먹을 수 있더라도 공자는 주식인 밥기운을 능가할 정도로 많이 먹지 않았다고 합니다.

오늘날 영양학적으로 보아도 곡류를 주식으로 했던 한국인들에게 지나친 육식은 오히려 건강에 좋지 않다고 합니다. 특히 요즘 사람들처럼 지방이 적절히 섞인 육류 부위를 구워서 즐겨 먹는 것, 그리고 지방을 제거하지 않고 탕으로 끓여 먹는 것은 건강에 좋지 않다고 합니다. 물론 이것도 고기를 어떻게 조리하느냐에 따라 건강에 끼치는 영향이 다를 수 있지만, 단백질이 많이 포함된 고기라도 채소와 곡류보다 적게 먹는 것이 더 건강에 좋다고 합니다.

술에 대해서는 더 강조할 필요가 없습니다. 지나친 음주는 건강을 해칠뿐만 아니라 실수를 유발하거나 경제적 손실을 가져오기도 합니다. 물론 적당한 음주는 건강에 도움이 되고 사회관계를 원만하게 할 수 있지만, 그것을 알맞게 조절하기는 무척 어렵습니다.

여기서 공자의 주량이 정해진 것이 없다는 것은 주량이 헤아릴 수 없이 많다는 뜻도 되지만, 상황에 따라 마시는 술의 양이 다를 수 있고, 어디까지가 자신의 한계인지 끝까지 마셔본 적도 없다는 뜻도 됩니다. 또 원문 '불급란(不及亂)'은 난동을 부리는 데까지는 이르지 않았다고도 풀이할 수 있는데, 보통 사람 같으면 그렇게 해석될 수 있으나 공자 같은 분이 설마 난동을 부릴 가능성이 전혀 없기 때문에 취하지 않았습니다.

이것들 외에도 공자는 위생 때문에 길거리에서 파는 술이나 안주를 먹지 않았으며, 상한 밥과 고기, 색깔이 변한 것, 냄새가 나쁜 것, 익지 않은 음식을 먹지 않았다고 합니다. 어쨌든 공자의 이런 태도는 그가 당시 평균수명을 훨씬 능가하는 73세까지 산 것을 보면 음식과 술 문제에 있어서 자기관리를 잘한 것은 틀림없습니다. 현대인들도 공자를 본받아 음식과 술과 담배 등의 문제에서 자기관리를 잘해야 합니다.

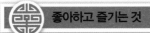 좋아하고 즐기는 것

공자가 말했다. "좋아하는 데도 이로운 것이 세 가지요 해로운 것이 세 가지가 있는데, 예와 악을 제대로 좋아하고 남의 착한 점을 말하기 좋아하며 훌륭한 친구가 많은 것을 좋아하면 유익하고, 교만하게 즐기고 편안히 노는 것을 좋아하고 향연을 벌여 즐기기를 좋아하면 해롭다."

공자왈 익자   삼요 손자   삼요   요절예악   요도인지선
孔子曰 益者가 三樂오 損者가 三樂이니 樂節禮樂하며 樂道人之善하며

요다현우   익의   요교락   요일유   요연락   손의
樂多賢友면 益矣오 樂驕樂하며 樂佚遊하며 樂宴樂이면 損矣니라   (「계씨」)

益: 유익하다 | 樂: 좋아하다 | 損: 손해를 보다 | 樂: 음악 | 禮: 예도 | 道: 말하다

人: 남 | 賢: 어질다 | 驕: 교만하다 | 樂: 즐기다 | 佚: 편안하다 | 遊: 놀다 | 宴: 잔치

한자 '樂'은 '즐거울 락', '풍류(노래) 악'으로 주로 쓰이고 드물게 '좋아할 요'로도 읽히는데, 여기서는 세 가지 뜻으로 다 쓰였습니다. 좋아하게 되면 즐기게 되는데, 그래서 글자가 같은가 봅니다. 공자는 여기서 좋아하는 것

에도 차이가 있어 각각 이로운 것과 해로운 것 세 개씩을 소개합니다.

현대인들에게 무엇 하려고 돈을 모으기 위해 그렇게 힘들게 고생하느냐고 묻는다면, 대부분 여가 때나 훗날 좋아하는 것을 하기 위해서라고 대답합니다. 이렇듯 나중에 좋아하는 것을 위해 지금 당장 고통스럽고 힘들더라도 참고 살아가는 것이 대다수 평범한 사람들의 인생 같아 보입니다. 살아가면서 자기가 좋아하는 일을 하는 것은 참으로 중요합니다. 문제는 좋아하는 정도가 어떠하며 또 무엇을 좋아하느냐는 것입니다.

공자의 말대로 예절 바르고 한두 가지 악기를 잘 연주하며 남의 좋은 점을 자주 말해주고 좋은 친구를 많이 사귀기를 좋아하는 사람은 분명히 성공할 가능성이 높아 보입니다.

그런데 교만하게 즐기고 편안히 놀고 파티를 벌여 즐기는 것을 좋아하면 왜 해로울까요? 교만한 것이야 당연히 남들이 싫어하니 해롭겠지만, 편안히 노는 것과 파티를 좋아하는 것이 뭐가 해로울까요?

그렇습니다. 누구나 열심히 일한 뒤에 편안히 노는 것은 문제될 것이 없습니다. 문제는 일하지 않고 편안히 놀기만 좋아하는 것인데, 일을 열심히 하지 않아 경제적 어려움이 생길 수 있습니다. 파티를 열기 좋아하는 것도 돈을 낭비하기 때문에 해롭습니다.

자, 그렇다면 여러분 각자의 기준에 따라 좋아하는 것 세 가지를 말해 보십시오. 그리고 그것이 해로운지 이로운지 따져 보기 바랍니다.

필자의 경우는 우선 운동하기를 좋아합니다. 그 가운데서 등산이나 배드민턴을 좋아합니다. 친구나 후배들과 여럿이 하는 운동으로는 족구를 좋아합니다. 두 번째로 좋아하는 것은 악기 연주입니다. 취미생활 치고는 꽤 열심히 하고 있습니다. 연주단체에도 참여하고 있습니다. 그러고 보니 공자가 이롭다고 하는 것 한 가지에 해당되네요. 세 번째로 좋아하는 것은 책 읽기입니다. 세 가지 모두 해로운 게 전혀 없어 너무 모범적인 것만 좋아한다고 생각합니까? 그러나 저도 청년시절 한때 술자리, 당구와 카드게임으로 놀기 좋아한 적도 있었습니다. 지금은 하지 않지만요.

청소년들의 흡연

우리나라 질병관리본부가 2011년에 발표한 '우리나라 성인과 청소년의 흡연현황 보고서'에 따르면, 흡연인구는 남녀 각각 47.3%와 6.8%라고 합니다. 그런데 유독 청소년의 흡연인구가 세계적 수준으로 높아 남학생의 흡연비율은 16.3% 여학생은 5.9%에 이른다고 합니다. 여기서 유의해서 보아야 할 점은 남자의 흡연은 나이가 들면서 증가하지만, 여자는 이미 흡연인구의 대부분이 청소년 시기에 시작한다는 점입니다.

담배가 해롭다는 것은 누구나 익히 다 알고 있어서 전체 흡연 인구가 줄어들고 있는데 반하여, 청소년들의 흡연이 오히려 늘어나고 있다는 것은 한창 자라는 청소년의 건강에 악영향을 크게 미칠 수 있다는 점에서 더욱 염려스럽습니다. 어릴 때 그저 호기심에서, 아님 멋있어 보여서, 또래집단에서 인정받기 위해서 피우던 담배가 혹 자신의 미래와 성공의 발목을 잡지 않을지 곰곰이 생각해 보아야 할 것 같습니다.

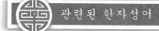

유주무량(唯酒無量)

술을 얼마든지 마실 정도로 주량이 크거나 술을 마시되 그 분량을 제한하지 않음을 뜻하는
말로 「향당」편에서 유래.

자기완성

인간의 기본적 욕구

매슬로(Maslow)라는 학자가 주장한 인간의 욕구에는 생리적 욕구, 안전의 욕구, 타인과 만족스런 관계를 바라는 소속과 애정의 욕구, 가치 있는 인간으로서 평가받는 자존의 욕구, 자아실현의 욕구라는 다섯 가지 욕구가 있습니다. 앞에서부터 차례대로 하위부터 상위 욕구가 되는데, 하위의 욕구가 만족되어야만 그 다음의 상위 욕구가 등장한다고 합니다. 가령 먹고 자는 것과 같은 생리적 욕구가 우선 충족되어야 안전의 욕구가 등장하고, 안전의 욕구가 충족되어야 소속과 애정의 욕구가 등장하는 것과 같은 원리입니다. 그러니까 최고 위치에 있는 자아실현의 욕구는 다른 욕구가 충족되지 않으면 나타나지 않는다고 합니다.

여기서 자아실현의 욕구를 각자가 꿈꾸는 이상 실현을 위한 욕구라고 말할 수 있는데, 곧 자기완성의 욕구라고 말할 수 있습니다. 인간이 다른 욕구가 모두 충족되고 자기를 완성하여 자아실현의 욕구에 만족했을 참으로 성공했다고 말할 수 있습니다.

전인교육(全人敎育)

> 자로가 인간 완성에 대해 묻자 공자가 말했다. "장무중의 지혜와 공작의 욕망을 갖지 않음과 변장자의 용기와 염구의 재주에 예와 악으로 다듬으면 또한 완성된 사람이라 할 수 있으리라."

子路問成人한대 子曰 若臧武仲之知와 公綽之不欲과 卞莊子之勇과
冉求之藝에 文之以禮樂이면 亦可以爲成人矣니라 (「헌문」)

成: 이루다 | 欲: ~하고자 하다 | 知: 지혜 | 勇: 날쌔다 | 藝: 재주 | 文: 꾸미다

공자가 말하는 인간 완성이란 일종의 지성과 감성과 의지력이 조화롭게 갖춘 전인적 인간됨을 말합니다. 본문에 등장하는 장무중과 공작과 변장자는 노나라 대부들이며 염구는 공자의 제자입니다. 각각 다소 부족하지만

지혜와 욕심 없음과 용기와 재주가 있었던 인물로 평가된 사람들입니다.

그러니까 공자가 살았던 시대의 전인적 인간상은 지혜가 있으며 욕심이 없고 용기가 있고 재주가 뛰어나고 거기에 예법에 능통하고 음악을 잘할 줄 아는 인간이라고 하겠습니다. 그래서 공자는 "군자는 한 군데만 쓰이는 그 릇이 아니다(「위정」)"고 했던 것입니다.

오늘날 여러분들이 학교에서 배우는 과목이 너무 많다고 불평할 때도 있지요? 적어도 5개 이내의 과목만 있으면 좋겠다고 생각하지는 않았나요? 왜 중고등학교에서 이렇게 과목이 많은 이유를 알고나 있나요?

바로 공자의 이런 전통과 관계가 있습니다. 우리나라 교육법상 초·중· 고 교육을 보통교육이라 부르는데, 바로 보통교육이 지향하는 것이 '전인 교육'입니다. 그러니 한두 과목만 잘하는 것이 아니라 여러 과목을 잘 해야 한다는 논리가 여기서 나옵니다. 왜냐하면 보통교육은 조화로운 인격을 지닌 인간을 육성하는 것이 일차 목표요, 부차적으로 다양한 학생들에게 자기가 좋아하는 과목을 찾을 수 있게 골고루 기회를 주는 의미도 있기 때문입니다.

흔히 우리는 보통 "한 가지만 잘하면 된다"는 말을 듣는데, 이것이 얼마나 허술한 교육적 구호인지 『논어』의 이 말이 잘 보여 주고 있습니다. 한 가지만 잘하면 비록 밥벌이나 인기를 끄는 데에는 전혀 문제가 없을 것 같으나, 한 인간으로서 자질을 논한다면 한쪽으로 치우친 사람, 그것도 2%가 아니라 50%나 그 이상 더 부족한 사람에 불과한 것입니다.

그래서 오늘날 어떤 분야에 종사하는 누구라도 이처럼 지혜롭고(知), 도덕적이고(仁), 용감하고(勇), 예술적 감성(藝樂)이 조화를 이룬 인격을 소유한 사람을 이상적인 인간으로 꼽습니다. 이런 사람은 자기의 인격을 조화롭게 완성한 성공한 사람인 것입니다.

 **군자의 품격**

> 공자가 말했다. "군자는 정의를 바탕으로 삼아, 예법을 가지고 정의를 실행하며, 겸손한 태도로 정의를 나타내며, 믿음을 가지고 정의를 이루나니, 군자로다."

子曰 君子는 義以爲質이오 禮以行之하며 孫以出之하며 信以成之하나니
君子哉라 (『위령공』)

義: 옳다 | 質: 바탕 | 孫: 겸손하다 | 出: 나타나다 | 信: 믿다 | 以: ~을 가지고(어조사)

『논어』에서 말하는 군자는 대부분 인격을 완성한 이상적 인물로 그려집니다. 『논어』의 핵심 사상인 인보다 한 번 더 많게 107번이나 언급되는 것으로 보아, 평소에 공자가 군자를 얼마나 중요하게 여겼는지 알 수 있습니다. 그러니 군자가 된다는 것은 공자의 기준으로 볼 때 분명 성공한 사람이요, 그것도 수양을 통해 인격을 완성한 사람이라 하겠습니다. 본문의 정의감·예법준수·겸손·믿음직함은 그러한 인격으로서 비교적 무난하게 군자

의 품격을 말해주고 있습니다.

그런데 앞에서 소개한 매슬로의 이론은 군자에게는 정확히 들어맞지는 않습니다. 군자는 자신의 덕을 완성시키기 위하여 생리적 욕구나 안전의 욕구 또는 애정의 욕구 더 나아가 자존의 욕구마저도 포기할 수는 있어도, 자아실현의 욕구라 할 수 있는 자기완성의 군자가 되는 것을 포기하지 않기 때문입니다. 대표적 인물이 공자 자신과 그의 제자 안연이며, 공자 이후의 많은 선비들과 현대의 군자 닮은 지성인 가운데도 그런 사람들이 더러 있습니다.

그러나 필자가 볼 때 우리 청소년들의 경우는 대개 이 매슬로의 이론이 통하는 것 같습니다. 그래서 필자가 여러분들에게 무조건 군자가 되라고 강요하지 않는 겁니다. 우선 여러분들은 생리적 욕구, 안전의 욕구, 소속과 애정의 욕구, 자존의 욕구가 충족되어야 자아실현의 욕구로서 군자가 되려고 할 테니까요.

특히 그 가운데 자존의 욕구충족을 위해 여러분들을 존중해주고 입장을 이해해 주려고 했는데, 그걸 잘 눈치 챘는지 모르겠습니다. 쉽게 말해 어른들로부터 배려와 이해와 칭찬을 많이 받는 학생이 훗날 자아실현의 욕구에 관심을 갖는다는 점입니다.

필자는 어릴 때부터 모범생이라는 말을 자주 들었습니다. 몸이 약해 아이들과 다투거나 싸우는 일이 거의 없었고, 용기가 없어 말썽을 피울 만한 일을 하지 못했으니까요. 게다가 공부도 곧잘 했으니 당연히 모범생이라는 말과 함께 주위로부터 칭찬을 받았습니다.

그런데 필자 같은 모범생에게도 용기와 과감한 결단력이 부족하다는 단점이 있습니다. 마음에 드는 여학생이 있으면 마음속으로만 좋아할 뿐 용감하게 고백해서 제대로 사귀지 못하고, 언제나 안전한 길로만 선택하려는 소심한 태도를 갖게 됩니다.

그러나 한편 그런 칭찬은 나에게 자존감을 높여주었고, 더 나아가 자아실현의 욕구에 불을 당겨주었죠. 그래서 철학을 공부해 인류가 남긴 고귀한 지혜를 탐구하고 있는지 모르겠습니다. 물론 어떤 분야에서든 이같이 자아를 실현할 수가 있습니다. 그러기 위해서는 끊임없는 공부와 노력이 요구되지요.

여러분들에게도 모든 욕구가 충족되고 최종적으로 자아실현을 하려는 욕구가 생기기를 희망합니다.

개꿈보다 자아실현의 꿈을 찾아라

필자의 초등학교 때 꿈은 그 당시 아이들이라면 누구나 가졌던 허황된 개꿈이었습니다. 그러다가 정확히 하고 싶었던 일이 생긴 것은 고등학교 때였습니다. 그때 필자는 회사원이나 고급공무원이 되겠다는 친구들의 생각과는 달리 철학과 음악을 하고 싶었습니다. 고등학교를 졸업한 후 그 좋아하는 것 가운데 한 가지만이라도 이루기 위해 많이 노력하기도 하고 좌절도 해 봤는데, 실망하지 않고 꾸준히 노력한 결과 그 꿈이 현실로 다가 왔습니다.

무엇보다 그 꿈을 하나하나 성취하면서 생긴 즐거움은 누구에게도 양보

할 수 없는 것들이었고 또 그럴수록 더욱 힘이 솟았습니다. 그리고 꿈을 이루기 위해서는 많은 것을 포기해야 한다는 지혜도 생겼습니다. 비록 필자가 책을 내는 것밖에는 아직 사회적으로 큰 역할을 못하고 있지만, 하는 일 자체를 통해서 돈이나 명예가 결코 대신할 수 없는 소중한 자아실현의 길을 가고 있습니다. 청소년 여러분들도 진정한 즐거움은 자아실현에 있다는 것을 알고, 그러한 꿈을 찾아보기 바랍니다.

 관련된 한자성어

의이위질(義以爲質)

정의로서 바탕을 삼는다는 뜻으로 「위령공」에서 유래.

예이행지(禮以行之)

예법으로써 정의를 실천한다는 뜻으로 「위령공」에서 유래.

손이출지(遜以出之)

겸손으로써 정의를 나타낸다는 뜻으로 「위령공」에서 유래.

신이성지(信以成之)

믿음으로써 정의를 이룬다는 뜻으로 「위령공」에서 유래.

미래의 주인공들에게

청소년 여러분, 안녕하세요?

이제껏 내 입장에서만 성공의 교훈을 말하니 동의할 수 없지요? 돈 많이 벌고, 인기 있고, 유명해지면 그게 성공이지 무슨 말이 더 필요하냐고 항의할 겁니다. 남이 알아주지도 않는 성공 따위가 무슨 성공이냐고 따지겠죠? 더구나 착하게 사는 것이 성공의 길이라고 하니, 도덕적인 행동이 밥 먹여 주냐고 말할 법도 하니까요. 시쳇말로 착하게 사는 것이 바보짓이라고들 흔히 말하잖아요?

만약 이런 생각을 가지고 있다고 해도 저는 여러분을 이해합니다. 사람은 자기가 사는 시대와 장소의 문화적 환경을 벗어날 수 없으니까요. 더구나 그 문화를 새롭게 창조하거나 거부하는 것은 여러분들의 능력 밖의 문제이기도 하니까요.

좋아요. 이런저런 이유나 논리로 내 주장을 더 이상 강요하지는 않겠어요. 더구나 여러분들이 순순히 따를 것이라 믿지도 않으니까요. 학생들이 그럴 것이라고 믿는 부모나 선생이 있다면 정말로 멍청한 거죠. 아무리 좋은 말을 일러 주어도 듣는 사람이 깨닫지 못하면 아무 소용이 없는 법이니까요.

그래서 무엇이 성공인지는 여러분들 스스로 살아가면서 깨달아야 할 일이지 강요할 문제는 아니라고 봐요. 그 어떤 일이든 본인이 직접 깨닫지 못하면 절대로 제 것이 못되니까요. 잊지 마세요.

다만 부탁하고 싶은 것은 내가 한 말을 필요할 때 참고로만 여겼으면 좋겠다는 생각이에요. 아무 깨달음 없이 남의 말을 곧이곧대로 막무가내 따르는 사람이 가장 위험하고 바보 같은 사람이에요. 그 사람들이 나중에 꼭 사고를 쳐요. 항상 의심하고 캐묻고 따지고 비판하는 가운데 여러분에게 절실한 깨달음이 오는 거예요. 그것이 이 공자가 정말로 바라는 자세예요.

그러니 여러분의 인생이란 이 공자의 것도 부모의 것도 아니기에 스스로 깨달아 실천하는 것만이 여러분의 인생인 거예요. 비록 나이든 어른들이 참고할 수 있는 교훈은 줄 수 있겠지만 말이에요. 어쨌든 여러분은 코흘리개 어린 아이가 아니잖아요?

그러니 내 경험으로 봐서 여러분이 성공할 수 있는 태도를 한두 가지만 안내하려고 해요. 이것도 어디까지나 참고자료로 말이에요.

먼저 성공을 위한 태도의 비결은 성실과 공손 이 두 가지로 요약할 수 있어요. 성실은 앞에서 말했으니 더 이상 설명이 필요 없을 것 같네요. 떨어지는 빗물이 바위에 구멍을 뚫는 것처럼 끊임없는 정성과 노력이 곧 성실이에요.

공손은 자신을 예의바르고 겸손하게 낮추는 태도를 말해요. 자만심과 교만은 자신을 게으르고 방심하게 만들뿐만 아니라 남을 불쾌하게 만들어 결국 화를 불러 오는 씨앗이 되기 때문이에요. 어른에게 공손하게 대하는 것은 물론이요, 친구들이나 후배들에게도 공손하게 대하는 것이 더욱 필요해요. 게다가 친할수록 더욱 예의바르게 공손해야 해요. 발 없는 소문이 천리를 가니까요.

이 두 가지만 잘 지킨다면 틀림없이 성공하고도 남을 거예요. 아무튼 여러분의 꿈이 무엇이든 간에 꼭 성공하는 사람이 되기를 바랍니다.

지은이 소개

이종란

서울교육대학교를 졸업하고, 성균관대 대학원에서 한국철학을 전공해 박사학위를 받았다. 교사 생활을 하면서 한국방송대학교, 한국체육대학교, 성균관대학교에 출강했고, 현재는 저술과 번역에만 몰두하고 있다.

주요 저서로는 『최한기의 운화와 윤리』 『동양철학자 18명의 이야기』 『나무꾼과 선녀』 『전래동화 속의 철학 1~5』 『전래동화·민담의 철학적 이해』 『이야기 속의 논리와 철학』 『청소년을 위한 철학논술』 『강좌 한국철학』(공저) 등이 있다.

철학동화로 『쉽고 재미있는 동양고전30』 『동양철학자 18명의 이야기』 『최한기가 들려주는 기학 이야기』 『주희가 들려주는 성리학 이야기』 『이이가 들려주는 이통기국 이야기』 『왕수인이 들려주는 양지 이야기』 『정약용이 들려주는 경학 이야기』 『박지원이 들려주는 이용후생 이야기』 『신채호가 들려주는 자강론 이야기』 『서경덕이 들려주는 기 이야기』 『김시습이 들려주는 유불도 이야기』 등이 있다.

번역서로는 『운화측험』 『왕양명실기』 『공제격치』 외에 『주희의 철학』(공역) 『왕부지 대학을 논하다』(공역) 『청소년을 위한 기측체의』 등이 있다.

청소년을위한 이야기 논어

1판 1쇄 발행 2014년 8월 30일
1판 4쇄 발행 2023년 6월 20일

지은이	이종란
펴낸이	유지범
펴낸곳	성균관대학교 출판부
책임편집	구남희
편집	신철호 · 현상철
외주디자인	김효창
마케팅	박정수 · 김지현
등록	1975년 5월 21일 제1975-9호

주소	03063 서울특별시 종로구 성균관로 25-2
전화	(02) 760-1253~4
팩스	(02) 762-7452
홈페이지	http://press.skku.edu

• 잘못된 책은 구입한 곳에서 교환해 드립니다.